Max H. Friedrich

Irrgarten Pubertät

Max H. Friedrich

Irrgarten Pubertät

Elternängste

Mitarbeit
Monika Anzelini

Deutsche Verlags-Anstalt
Stuttgart

Die Deutsche Bibliothek – CIP-Einheitsaufnahme

Friedrich, Max H.:
Irrgarten Pubertät : Elternängste / Max Friedrich.
Mitarb. Monika Anzelini. – 3. Aufl. –
Stuttgart : Deutsche Verlags-Anstalt, 1999
ISBN 3-421-05284-0

3. Auflage 1999

Typografische Gestaltung: Günter Saur
Satz: Stempel Garamond und Stone Sans EF (QuarkXPress)
im Verlag
Druck- und Bindearbeit:
Graphischer Großbetrieb Pößneck, Pößneck
Diese Ausgabe wurde auf chlor- und säurefrei gebleichtem
alterungsbeständigem Papier gedruckt
Printed in Germany
ISBN 3-421-05284-0

Der Kitzbühler Elternrunde in Dankbarkeit
und Freundschaft zugeeignet.

Inhalt

Vorwort

Keine Zeit ist so stürmisch, atypisch und unkonventionell, keine so heftig umstritten wie das Jugendlichenalter. In dieser Zeit zeigt sich am deutlichsten, daß der Entwicklung des Menschen keine Normen vorgegeben sind, daß er in seiner Individualität unvergleichbar bleibt und alle Erziehungsbemühungen der Eltern an Grenzen stoßen. Auf das Einsetzen der hormonellen Umstellung reagiert jedes Kind völlig anders. Unerwartet und unvorhersehbar treten Veränderungen und Verhaltensweisen auf, die für gehörige Verwirrung bei den Eltern sorgen, obwohl sie lediglich Ausdruck einer Entwicklungs- und Durchgangsphase sind. Manchmal gleicht die Pubertät sogar der Altersdemenz, in der jahrzehntelang gepflogene Verhaltensweisen vergröbert und verschärft zutage treten. Der alte Mensch wird allerdings mit weit mehr Nachsicht bedacht. Da heißt es dann: Nun ja, das hat er immer schon gehabt, und jetzt kommt es nur deutlicher heraus.

Als Kinder- und Jugendneuropsychiater, der seit dem 24. Lebensjahr jugendpsychiatrisch und jugendpsychotherapeutisch tätig ist, und als Vater von vier Kindern, der sich noch genau an die eigene Pubertät und Adoleszenz erinnert, hat mich die Idee zu diesem Buch lange begleitet. Es soll Eltern ein besseres Verständnis für die Probleme ihrer jugendlichen Kinder geben und so den Jugendlichen diese schwierige Lebensphase erleichtern. Den Eltern mag dieses Buch ein wenig ihre Ängsten nehmen, die wir – und ich verwende absichtlich das Wort wir – als verantwortungsbewußte Eltern um unsere Kinder, ihre Gegenwart, ihre nahe und auch fernere Zukunft haben. Wissen wir doch aus unserer eigenen Geschichte, wie wichtig dieses Lebensalter ist.

Das Buch soll Mut machen, indem es darauf hinweist, daß das Jugendalter einfach risikobehaftet ist und es manchmal schon ein großes Glück bedeutet, wenn das Kind diese Phase ohne größere Schwierigkeiten durchläuft. Es soll aber vor allem Bewußtsein schaffen, daß uns wichtige Fähigkeiten innewohnen, mit deren Hilfe wir ungünstige Lebenssituationen erfolgreich bewältigen können, auch ohne professionelle Unterstützung. Dazu ist es aber notwendig, daß Eltern auch in der schlimmsten Krisenzeit, soweit es geht, Ruhe bewahren. Nur wenn sie sich um eine realistische Einschätzung der Situation und der Ergebnisse der jugendlichen Entwicklung bemühen, können sie sich selbst und auch anderen Eltern eine Hilfe sein.

Eltern leiden oft wesentlich stärker unter den Veränderungen ihrer Kinder als diese selbst. Sie versuchen, deren Verhalten zu ergründen, quälen sich mit Selbstzweifeln und diskutieren untereinander ihre Fehler. Als Einzelerzieher befragen sie Freunde oder Vertreter von psychologischen oder psychotherapeutischen Berufen, als Geschiedene bezichtigen sie einander des erzieherischen Unvermögens, sie suchen nach typischen Eigenschaften des Partners, um ihm vorzuwerfen, daß das Kind diesen oder jenen Fehler von ihm oder ihr angenommen habe. Die heftigen Reaktionen der Eltern während des Jugendlichenalters hängen wohl einerseits mit der Angst zusammen, ihr Kind könnte die eine oder andere nicht normkonforme Verhaltensweise beibehalten, und andererseits mit der Rückwirkung auf die Erwachsenen selbst: Wie stehen wir dann da? Von uns kann das Kind dies aber nicht haben!

Trotz allem Ernst des Themas soll das Buch auch ein wenig Verkrampfungen lösen und darüber hinaus vermitteln, daß die Erziehung von Jugendlichen mit ein wenig Gelassenheit auch Spaß bereiten kann. Denn die Krise ist zu bewältigen. Die Pubertät der Kinder ist ja schließlich – und nun mögen alle Misanthropen gleich das Buch beiseite legen – nicht nur ein Problem der Kinder, sondern vor allem auch eines der Eltern, da sie sich gleich ihren Kindern in einer Entwicklungsphase befinden, die ich als diejenige »pubertierender« Eltern bezeichnen möchte. Vor der Geburt ihres Kindes sind sie als Elternpaar in froher Erwartung, wenn das Kind dann endlich da ist, sind sie verunsichert. Wenn es um das Aufziehen des Kindes geht, sind sie oral und schließlich, bei ihren Erziehungsbemühungen zur Autonomie des Kindes, anal fixiert. Sie werden geplagt von sozialer Anpassungsangst, Leistungsangst, Reifungsangst und dergleichen mehr. Sie durchlaufen die Zeit der ödipalen Phase, in der sie um ihr Kind buhlen und eifersüchtig darüber wachen, wen der beiden Elternteile das Kind wohl lieber habe. Und die Zeit der Produktüberprüfung, in der das Kind als Verfügungsobjekt und Werbeträger der Erziehungssuffizienz herhalten muß, heißt Schule. Dann kommt die Zeit, mit der wir uns in diesem Buch beschäftigen wollen. Die Zeit, in der »pubertierende« Eltern aufgerufen sind, über ihre Ängste nachzudenken, ihnen zu begegnen und zu ihrer Milderung beizutragen.

Last but not least geht es in diesem Buch auch um die Konfrontation mit einer im Umbruch befindlichen Welt, die der konservativ gestimmte Mensch nur schwer ertragen kann Er ruft nach Umkehr. Es geht auch um den Mut des Progressiven, der bisweilen die Erziehung und das Produkt dieser Erziehung zur eigenen Selbstdarstellung benützt; um den steten Kampf der Jugend gegen das Althergebrachte, in dem Neues nur entstehen kann, wenn Tradiertes zumindest in Frage gestellt wird. Daß dabei vieles in Brüche geht, zeigt nur, welch ungeheure Kraft dieser Jugendzeit entspringt.

Pubertät – die Suche nach dem »Ich«

Kaum ein Kinder- und Jugendpsychologe/-psychiater oder Psychotherapeut, der sich nicht aus literarischen und wissenschaftlichen Publikationen sowie aus eigener Anschauung Definitionen zusammengetragen hat, um für sich und andere darzustellen, wie sich das jugendliche Lebensalter begreiflich fassen läßt. Dabei spannt sich der Bogen von romantischen bis zu abstrakt trockenen Formulierungen. Auch der Autor dieses Buches will sich der Aufgabe stellen, am Beginn seiner Ausführungen ein paar Definitionen vorauszuschicken.

Die Pubertät ist jenes Lebensalter, in dem die körperliche Umwandlung des Kindes zum Erwachsenen einsetzt, fortschreitet und letztendlich in der geschlechtsreifen, körperlichen Ausprägung von Frau und Mann ihren Abschluß findet. Unter Adoleszenz ist jene Metamorphose zu verstehen, die Geist, Gemüt und Sozialisation eines Menschen verändert, das Gefühlsleben in Sturm und Drang versetzt und schließlich ausformt, so daß Reifestadien erreicht werden, die einem Menschen erlauben, Selbst- und Fremdverantwortung zu übernehmen, glücks- und liebesfähig zu sein und selbstkritisch an seiner eigenen Fähigkeit zur Toleranz zu arbeiten.

Das Jugendlichenalter ist ein einziger großer Suchprozeß. Suche bedeutet, einen Irrgarten zu betreten, in demselben viele Wege – auch Umwege – zu gehen und schließlich einen

Ausgang zu finden. Auf der Suche nach dem Ausgang wird man innehalten, Pausen einlegen, ein Stück Wegs zurückgehen, um die passierten Wegkreuzungen noch einmal zu prüfen, sich vielleicht an Fixpunkten jenseits des Irrgartens zu orientieren, mit Zeit und Kräften hauszuhalten, und an der Gewißheit festhalten, daß man diesen Garten irgendwann verlassen wird. Bisweilen bedarf es eines Begleiters, um auch rechtzeitig aus dem Irrgarten wieder herauszugelangen. Dabei kann es sich um eine Freundin, einen Freund, ein selbstgewähltes Vorbild oder auch um einen professionellen Helfer aus den Psychoberufen handeln. Manchmal wird man dabei an Wegkreuzungen gelangen, die einmal in eine nützliche und dann wieder in eine vergebliche Richtung des Lebens führen. Diese Kreuzungen sind jedoch Punkte, an denen das Erfahrene, Erworbene, Erlebte und Vorhergedachte überprüft und abgerufen werden kann, um den unnützen Weg zu vermeiden und statt dessen jenen zu wählen, der letztlich zu reifer Eigenverantwortung führt. Diese Suche orientiert sich, verkürzt dargestellt, an den drei großen »I«: Identität, Identifikation und Intimität.

Identität

Die Suche nach Identität bedeutet im Zuge des Prozesses der Ablösung und Umformung am Ende der Kindheit eine Hinwendung zu folgenden Fragen: Wer bin ich? Wie bin ich? Wie wirke ich auf andere, und wie wirken die anderen auf mich? Wie ist es, eines Tages erwachsen zu sein?

Um diese Fragen zu beantworten, müssen die herkömmlichen Denkstrukturen des konkret-logischen Denkens zugunsten eines abstrakten Denkens aufgegeben werden. Denn nur wenn die Position der Ich-Person in der Welt als eigenständig wahrgenommen wird und dieses Ich sich ausformt, indem es als Denken, Fühlen, Wollen und Handeln in seiner Eigenständigkeit zunächst erprobt wird, kann es sich selbst zulassen. Dieses Ich, das erprobt werden will, wird immer wieder hinterfragt. Das Ich wird den Denkprozeß der Herkunftssuche ebenso einleiten wie das Spiel mit den Gedanken um ihrer selbst willen und das Spiel mit den Gedanken um neue Begriffe, Ausdrucksformen und Gestaltung . Die Entdeckung des »Ich fühle« wird die Liebe autonom erspüren, sie wieder verwerfen, sie in Frage stellen, ihr einen unverwechselbaren Namen geben.

Die Suche nach dem Ich erlaubt zuerst das Probehandeln, das oftmalige Testen von Aktionen und deren Wirkung, bis hin zur Ausprägung eines selbstbewußten Ich, das lebt und eigenständig, selbstverantwortlich handelt, selbst dann, wenn ihm Widersprüchliches in Denken und Tun zu schaffen macht.

Identifikation

Die Suche nach Identifikation bedeutet das Streben nach Leit- und Vorbildern, nach Idealen und Ideologien. Waren es anfänglich die Eltern, die Lehrer, allfällige Verantwortliche in Jugendgruppen, die als Vorbilder dienten, so entwickelt sich nun ein Suchprozeß, der über den primären Kreis der Familie hinausgeht. Der junge Mensch wendet sich unerreichbaren Vorbildern zu, wird von Aspekten abstrakter Persönlichkeitsfaktoren angezogen, die er gerne übernehmen und in das eigene Ich integrieren möchte.

Die Suche nach Vorbildern führt manchmal entlang strikter und eigentümlicher Wege der »Liebe par Distance«, mitunter sogar zur Abwendung und Abwertung von Menschen, die bis dahin hoch verehrt wurden. Diese Bewertung dient einerseits dazu, bei der Verehrung nicht ertappt zu werden, andererseits, um eine Identifikation mit negativen Vorbildern herzustellen, die aufgrund ihrer Macht, ihres Aggressionspotentials oder ihres Widerstandes gegen gesellschaftliche Normen und Werte zum identifikatorischen Spiegel der eigenen Unsicherheit und Rebellion werden könnten. Leitbilder sind Identifikationsobjekte, denen man sich ein Stück Weges anvertraut, deren Ideologie man übernimmt. Aber gerade dadurch werden sie für den jungen Menschen in seiner Phase herabgesetzter Kritikfähigkeit und erhöhter Möglichkeit der Beeinflussung gefährlich. Bisweilen wird im Sinne Anna Freuds die Uniformierung als unbewußter Abwehrmechanismus der neuerwachenden Ich-Strukturen angewendet, was zu einer Idolisierung als Massenphänomen führt, wenn Vorbilder zeitgeistgeprägt von einer ganzen Jugendgeneration in immer kürzer werdenden Abständen (also Kurzperioden von etwa fünf Jahren) idealisiert werden.

Solche Leitbildgedanken sind stark durch die Medien determiniert und entsprechen der Zielgerichtetheit, wie wir sie aus der Werbung kennen. Leitbilder werden gleichsam produziert und enthalten verschlüsselte Botschaften, die den jungen Menschen neugierig machen. Neugier ist eines der wichtigsten Fermente im Gär- und Reifungsprozeß des jungen Menschen. Neugier ist die treibende Kraft, sich selbst und die Welt zu entdecken, ausgetretene Wege zu verlassen und sich auf Entdeckungsreise zu begeben. Seit jeher treibt die Neugier den Menschen dazu, sich die Erde untertan zu machen, zu forschen, zu entdecken, zu erfinden und sich nach jedem Verlust wiederzufinden.

Die Suche nach Ideologien führt den jungen Menschen auf spannendes Neuland. Sie bedeutet, Abschied zu nehmen von der alten Welt, um auf Entdeckungsfahrt in eine neue, unbekannte Welt zu gehen. In eine Welt, auf die er nicht hinreichend vorbereitet ist, von der er überrascht wird, die ihn mit Denkgebäuden konfrontiert, die er erst überprüfen muß. Er muß zugleich bisher Erfahrenes über Bord kippen und mit noch nicht ausreichend vorhandenen sozialen Fertigkeiten jene strengen Prüfmaßstäbe anlegen, die bisher von den Eltern an ihn angelegt wurden und die er dann im Erwachsenenalter zum Schutze seines Ich selbst anwenden wird.

Auf dem Neuland, das der junge Mensch betritt, gelten bisher trainierte Spielregeln nicht mehr. Neue Formen des Zusammenlebens, der Riten, Mythen und Mystik werden angeboten, alte Tugenden – wie etwa Sparsamkeit, konfessionelle Bindung oder auch Ernährungsgewohnheiten – werden über Bord geworfen. Bringt eine neue Ideologie auch eine Wertewelt, die die eigene Selbstwertdynamik stärkt, endet diese Suche nach Identifikation an einem Ziel. Nur der kenntnisreiche Erwachsene weiß, daß es sich bei diesem vermeintlichen Ziel um den Weg handelt, der beschritten werden muß, um sich aus der engen Verpuppung auch wieder lösen zu können.

Es geht also um die Suche nach Idealen, weshalb diese Lebensphase häufig auch als Zeit der philosophischen Krise bezeichnet wird. Gerade die Wertewelt, die Welt der Moral, muß vom Jugendlichen in Frage gestellt werden. Dies führt schließlich dazu, daß dem Jugendlichen bewußt wird, wie tief die Kluft zwischen Wort und Tat im Leben oft ist. Während er in den Medien täglich mit Mitteilungen grausamster Art über Krankheiten, Krieg, Tod, Hinterlist und Betrug konfrontiert wird, präsentiert sich ihm eine ganz andere Welt: eine Welt des guten Willens, der Einkehr und der Nächstenliebe, eine Welt, in der »Licht ins Dunkel« gebracht und die private Spende von politischen Vertretern verdoppelt wird.

All dies wird vom jungen Menschen genauestens geprüft. Er denkt, daß die Erwachsenen seine Erkenntnisse nicht teilen, und dieses Nicht-Erkennen der Erwachsenen geht ihm zu Herzen, auch wenn er nach außen distanziert und ruppig wirkt. Er bewertet am Meßstab der Erwachsenen die »Wahrheiten« dieser ihm als verlogen erscheinenden Welt, und es darf uns nicht wundern, wenn der Jugendliche uns nicht ernst nimmt, wenn er an seinem Hohn und Spott, an seinem bitteren Sarkasmus und Zynismus die Waffen schärft, mit denen er sich letztlich den Eintritt in die Welt der Erwachsenen erkämpft. In jenen Spiegel aber, den uns der Jugendliche vor Augen hält, blicken wir nur ungern hinein. Man könnte ihn mit einem zentrierenden Hohlspiegel vergleichen, der bei Lichtbündelung und scheinbarer Erhellung auch brennt. Und ist es nicht so, daß man durch Hohlspiegel etwas in Brand stecken kann, während der Spiegel selbst nicht brennt?

Intimität

Die Suche nach Intimität bedeutet für das Kind die längste Etappe auf seinem Weg zum Erwachsensein. Der Erwachsene assoziiert doch mit dem Begriff der Intimität zuallererst die sexuelle Intimität, also jenen Prozeß, der vom ersten Erwachen körperlicher Empfindung durch die Veränderung der primären Geschlechtsorgane bis hin zu den bunten, lebhaften, erotischen Träumen dieses Lebensalters durchlaufen wird. Dem geht die Suche nach einer Intimität im Wechsel von Nähe und Distanz voran: War das Kind in der Primärfamilie emotional stark an eine Person gebunden, so bricht nun die Zeit der Loslösung an. Dies fällt jedem Kind gleich schwer, ganz gleich, ob es in einer harmonischen Familienatmosphäre eingebunden war oder in der Zweierbeziehung mit einer alleinerziehenden Mutter.

Die Nähe muß um der Distanz willen aufgegeben werden, um Freiraum zu schaffen für Nähe zu anderen Bezugspersonen. Diese Distanzsuche wird besonders dann erleichtert, wenn ausgeprägte Konfliktpartner vorhanden sind. Mag es den Eltern noch so unangenehm sein, wenn das Kind über alles und jedes zu nörgeln und zu streiten beginnt, so ist dies dennoch die adäquate Form, um sich aus einer liebevollen Umklammerung zu befreien. Je liebevoller diese Umklammerung ist, um so heftiger muß der Kampf ausgetragen werden. Schließlich handelt es sich dabei um eine Abstoßungsreaktion, die primär einseitig ausgelöst wird und deswegen nicht in Ruhe und intellektueller Abgeklärtheit vollzogen werden kann.

Das Kind ist es, das den Startschuß zu diesem Ablösungskampf gibt. Und zwar zu einem Zeitpunkt, den die Eltern nicht vorherbestimmen und daher oft auch nicht wahrhaben wollen. Weil das Kind aus ihrer Sicht eben »noch ein Kind« ist, das sich in der Phase der Vorpubertät befindet und seine eben erst begonnene Wanderung zu einem erst viel später erwarteten Ziel den Eltern noch verborgen ist. Die Eltern werden aufgrund ihrer Beharrungskräfte möglichst alles unternehmen, um diese scheinbaren Marotten als kindlichen Widerstand, als Faxen, als kurze, rasch überwindbare Phase zu interpretieren und demgemäß handeln. Sie wollen den Ablösungsprozeß nicht wahrhaben – ein Konfliktpotential, das nun neue Nahrung erhält.

Zu Anfang sind es Kleidung, Haartracht, Redensarten, angesteckte Symbole oder die Hinwendung zu Musik- und Theatergruppen, die von den Eltern abgelehnt werden. Der Kampf gewinnt an Härte und Schärfe, wenn sich die Kinder Freiheiten nehmen wollen, die in erbitterten Auseinandersetzungen um Taschengeld, Ausgehzeiten, selbständiger Auswahl des Freundeskreises oder in Forderungen nach Urlaubsreisen ohne Eltern münden. Über den Konsum von Alkohol, Nikotin und anderen bewußtseinsverändernden Substanzen gipfelt dieser Ablösungsprozeß schließlich in scharfen verbalen und bisweilen auch tätlichen Attacken, wenn der notwendige Widerstand gegen diese Freiheitsbestrebungen seitens der Eltern nicht klug genug gehandhabt wird.

Helm Stierlin, der bekannte Familientherapeut der ersten Stunde, hat drei grobe Beziehungsformen für diesen Ablösungsprozeß des Jugendlichen definiert: die Bindungsmodalität, die Delegationsmodalität und die Ausstoßungsmodalität.

Unter Bindungsmodalität verstand Stierlin den Versuch, den Jugendlichen ganz eng in die Familie einzubinden – sei es subtil sanft oder auch aggressiv –, ihm gleichsam ein Paradies zu schaffen, aus dem es sich nicht lohnt auszubrechen.

Die Delegationsmodalität wahrt einen scheinbar liberalen Erziehungsstil, der den Ablösungsprozeß erlaubt, aber das Kind in seinen Ablösungsbestrebungen gleichsam an der langen Leine der Loyalität zurück ins Elternhaus zieht, um es dort über die Welt von draußen berichten zu lassen, so daß die Bindung letztlich unter dem Banner der Großzügigkeit aufrechterhalten wird.

Die Ausstoßungsmodalität meint jene Eltern, die im Grunde froh sind, das Kind in seine Freiheit entlassen zu können. Oft sind das Elternpaare, die vor allem darum bemüht sind, jetzt, wo die Kinder aus dem Haus sind, Versäumtes der eigenen Jugend nachzuholen, unbelastet durch die Sorge um das eigene Kind.

Diesen drei von Helm Stierlin formulierten Modalitäten würde ich heute noch zwei weitere hinzufügen: die Ignoranzmodalität und die *Broken-home*-Modalität.

Die Ignoranzmodalität ist jene luxusverwahrlosende oder mangelverwahrlosende Form der Gleichgültigkeit gegenüber dem Umfeld, in dem sich das eigene Kind herumtreibt. In dieser Modalität wird der Kommunikationsprozeß der Kontrolle unmöglich, aber mit ihm auch die gegenseitige Abwägung sozialer Befindlichkeit.

Die *Broken-home*-Modalität muß unter dem Aspekt gesehen werden, daß pubertierende Jugendliche auf ihren Vorteil bedacht sind und sehr genau abwägen, bei welchem Elternteil höhere, vor allem ökonomische Vorteile zu erzielen sind. Die Ablösung aus dem Elternhaus wird mehr durch Finanzvorteil als durch gemütsmäßige Bindung an einen Elternteil bestimmt.

Die Suche von Nähe und Distanz bedeutet gefühlsmäßige Begegnung und Abwendung. Diese Beziehungsmodalitäten bedürfen allerdings eines Widerparts, zumindest eines Elternteils, der einem diesen Ablösungsprozeß überhaupt erst durchzufechten ermöglicht. Der Jugendliche muß gleichsam gegen die Statue auf dem Podest, die es zu stürzen gilt, ankämpfen können. Wehe dem Elternteil, der diesem Angriff nicht standhält. Dann fühlt sich der Jugendliche in seinen sozialen Beziehungen nach außen stärker, als er ist, und es fällt ihm schwer, sich in der Stärkeskala der Außenwelt einzuordnen.

Der Ablösungsprozeß muß stattfinden. Er muß sich an realen Dingen entwickeln können, und es scheitern vor allem jene Eltern daran, die von diesem Prozeß überrumpelt werden, weil sie ihren Kindern ein besonders liebevolles, warmherziges, ermutigendes und schlichtweg tadelloses Elternhaus bieten wollen. Gerade diese Eltern begreifen nicht, weshalb ihr Kind, das sich doch nachweislich so wohl fühlt, nunmehr das Elternhaus so hartnäckig in Frage stellt. Je toleranter Eltern in dieser Ablösungsphase ihren Kindern gegenüber sind, um so außergewöhnlicher und skurriler können die Konfliktgründe werden, die sich schließlich an absoluten Nebensächlichkeiten entzünden. Wird ein solcher Ablösungsprozeß dadurch verhindert, laufen Kinder Gefahr, diese Phase im jungen Erwachsenenalter nachzuholen. Jedoch vollziehen sie ihn dann häufig nicht mehr mit den Eltern, sondern in bereits gefestigteren Beziehungsstrukturen mit der Außenwelt und zu einem Zeitpunkt, zu dem solche Prozesse nicht mehr stattfinden sollten.

Die Frage von Nähe und Distanz ist für den Jugendlichen von derart großer Bedeutung, weil er lernen muß, wie weit er auf jemanden zugehen darf, wie er sich in Situationen verhalten soll, wo er entscheiden muß, welche Distanz zu wem zu wahren ist. Es geht hier gleichsam um die Feinabstimmung der Kommunikation. Diese will geübt sein, wobei Übung selbstverständlich auch Mißerfolge zeitigen kann, bis eine gesicherte Kommunikationsstruktur erreicht ist, die weder zur Distanzlosigkeit noch zur Unnahbarkeit gerät.

Ist die Balance von Nähe und Distanz einmal in relativer Sicherheit gelungen, ist der Weg bereitet für eine partnerschaftliche Beziehung, in der es möglich wird, neue, vom Elternhaus unabhängige Beziehungsstrukturen zu erproben. Nun ist es möglich, Grenzen zu überschreiten und Erfahrungen mit Intimität und Nähe/Distanz-Verhältnissen zu sammeln, die in Zukunft das Sexualleben des Jugendlichen bestimmen werden.

Konflikte gehören dazu

Zwischenmenschliche Beziehungen wie das Miteinander von Eltern und Kindern bergen immer ein hohes Maß an Konfliktpotential. Eltern, die der Meinung sind, zwischen ihnen und ihren Kindern gäbe es keine Konflikte, bedürfen der Einsicht, daß sie immer gegenwärtig sind, wenn auch manchmal verlagert, verleugnet, verschoben, verdrängt oder liebevoll zugedeckt. Ein konfliktarmes Leben mag es ja noch geben, die Vorspiegelung eines konfliktlosen Lebens jedoch bedeutet für den Jugendlichen, aber auch schon für das Kind, mangelnde Vorbereitung auf die Integration in die Gesellschaft. Konfliktentstehung, Konflikterkennung, Konfliktaustragung und Konfliktbereinigung sind Stadien zwischenmenschlicher Auseinandersetzungen, die das Kind von klein auf beobachten und schließlich auch erlernen muß. Der Versuch, so zu tun, als gäbe es keine Konflikte, heißt, das Kind ungeschützt und unvorbereitet in die Welt hinaustreten zu lassen, es einer unkalkulierbaren Gefahr auszusetzen, die ihm letztlich Schaden zufügt.

Im zwischenmenschlichen Zusammensein bedeutet, einen Konflikt auszutragen, unterschiedliche Meinungen vertreten zu können, Diskussionskultur zu entwickeln, gute Argumente zu beachten und dieselben gegeneinander abzuwägen, um in der Folge die besseren Argumente gelten zu lassen. Dabei sollte es die Möglichkeit geben, sich auch in der unterlegenen Position angenommen zu fühlen und zu lernen, in einer seriösen Konfliktkultur besser und differenzierter argumentieren zu lernen. Diese Aussage gilt selbstverständlich auch für alle anderen im Alltag auftretenden Konfliktpunkte, denen wir im Erziehungsprozeß permanent ausgesetzt sind.

Die Erziehung ist, aus der Position der Eltern gesehen, der Versuch, das Kind auf sein gesamtes späteres Leben vorzubereiten, es aber vor allem dahingehend zu schulen, moralische Fähigkeiten zu verinnerlichen, um sinn- und planvoll vorausdenken und die Tragweite von Entscheidungen abschätzen zu können. Dafür ist aber weder kognitiver Drill noch emotional verzärtelnde Schonhaltung oder ein das Kind gefährdendes soziales Risiko geeignet, sondern nur eine ganzheitliche Kommunikation, welche letztlich die individuelle Struktur eines Menschen fördert und anleitet. Die ganzheitliche Kommunikation fördert die dem kindlichen Individuum innewohnenden Kräfte, Fähigkeiten und Fertigkeiten zutage. Gleichzeitig macht sie es möglich, die bereits angesprochene Sinnfrage permanent neu zu stellen und den Moralkodex, an dem sich diese Frage orientiert, regelmäßig zu überprüfen.

Um besser zu verstehen, woher der Konflikt zwischen Kindern und Eltern überhaupt kommt, müssen wir auf drei Grundsätze des Lernverhaltens eingehen, auf denen meiner Meinung nach Erziehung basiert: Imitationslernen, Versuchs/Irrtums-Lernen und gezieltes Aussetzen des Kindes in kalkulierbare Gefahren.

Imitationslernen

Das Kind ist in seiner Erziehung dem Trend der Imitation ausgesetzt, das bedeutet, das Leben an einem vorgegebenen Vorbild zu erlernen. Imitationslernen heißt schließlich nichts anderes, als daß das Kind die Eltern in ihren Lebens-

und Verhaltensweisen nachahmt, ihre Haltungs-, Bewegungs- und Sprechschablonen kopiert, für gut befindet oder sie verwirft, wenn es damit keinen Anklang gefunden hat. Imitationslernen ist jene Phase der Erziehung, wo das Kind noch mit hypokritischer Lebensweise übernimmt, was ihm vorgegeben wird. Dies ist eine ungeheure Herausforderung an den Erzieher, muß er doch vorbildhaft leben bzw. sich als Vorbild in Frage stellen lassen. Beim Kleinst- und Kleinkind mag dies ja noch relativ problemlos verlaufen, mit dem Einsetzen des Jugendlichenalters nimmt das Konfliktpotential jedoch durch das Imitationslernen rasch zu und fördert die in der Pubertät auftretenden spezifischen Ängste der Eltern.

Versuchs/Irrtums-Lernen
Dieser Vorgang ist jene Erziehungsfacette, in der das Kind unter dem Schutz des Erziehers Grenzen in Selbsterfahrung erarbeiten darf. Die Pubertätsphase ist geprägt von der Tendenz auszuprobieren, wie das Leben richtig verläuft. In keiner Phase des Lebens ist es so wichtig, sich selbst blaue Flecken zu holen, wie in dieser Phase des aufgelockerten Vertrauens gegenüber der Erwachsenenwelt und der permanent eingestandenen Parole: Hoppla, jetzt komme ich! Eltern von Pubertierenden sind deshalb aufgerufen, ein ungestraftes und unbestraftes Exerzierfeld des Lebenlernens zu eröffnen und sich der Diskussion zu stellen, die dem Versuchs- und Irrtumslernen unmittelbar folgt.

Aussetzen des Kindes in kalkulierbare Gefahren
Auch dieser Lernprozeß kann nicht früh genug begonnen und muß individuell auf das eigene Kind abgestimmt werden, indem ihm in geringfügig gesteigerter Form mehr und

mehr Verantwortung für das eigene Leben überlassen wird, damit das Kind nach und nach mehr Selbstvertrauen gewinnt. Nur unter dem Aspekt permanenter und ermutigender Aufforderung, sein Leben in die eigene Hand zu nehmen, wird sich der Jugendliche formen lassen und gleichzeitig das eigene Potential zur Selbstformung ausschöpfen.

An dieser Stelle sei ein Phänomen erwähnt, das sich in den letzten zehn Jahren deutlich ausgeprägt hat. Man könnte es die »Verbreiterung« des Jugendalters nennen. Immer jüngere Kinder stellen den Anspruch an ihre Eltern und ihre soziale Umgebung, als »Jugendliche« gewertet zu werden. Bereits 10- bis 12jährige stellen Forderungen und Anerkennungswünsche, die noch vor einem Jahrzehnt den 15- und 16jährigen zugestanden wurden. Und auch nach oben hin hat sich das Jugendlichenalter verbreitert. Im Schlagwort »Hotel Mama« zeigt sich, daß sich der Status des eigenständigen und unabhängigen Erwachsenen bis weit ins dritte Lebensjahrzehnt hin vorgeschoben hat. Das Studium dauert länger, die Einbindung in die Arbeitswelt erfolgt schwerer und später, die Vorstellung des Singlelebens mit der Bequemlichkeit der elterlichen Haushaltsführung gewinnt an Bedeutung. Ein pseudosoziales Zusammenrücken der Familie wird angemahnt, indem die jugendlichen Erwachsenen Essen, Wäscheversorgung, Schlafplatz und bisweilen auch finanzielle Unterstützung von ihren Eltern fordern. Hinreichende Gegenleistung wird allerdings nicht geboten und deren Einforderung allenfalls mit Schnoddrigkeit begegnet: »Schließlich habe ich mir dieses Leben ja nicht selbst gewählt.«

Die Forderung von Kindern nach dem Sozialstatus von Jugendlichen bringt auch mit sich, daß ein hohes Maß an

Verantwortung für soziale Fortbildung und Erziehung von den Eltern auf die Gruppe der Gleichaltrigen, also auf die *Peer-group*, übertragen wird. War es etwa früher die innere »elterliche Stimme«, die die Entscheidung, ein weiteres Bier zu trinken oder eine Haschischzigarette zu rauchen, beeinflußte, so ist es heute die reale Stimme des Gleichaltrigen. Somit ist ein Teil der Erziehungsfunktion von seiten der Eltern auf die *Peer-group* übertragen worden.

In jedem dieser Bereiche liegt nun hohes Konfliktpotential, da alle drei Bereiche letztlich von den Eltern vorgegeben, in Frage gestellt und der Kritik unterzogen werden müssen, womit das vorher dargestellte harmonische Konfliktlösungsmodell bereits brüchig wird. Der Konflikt ist also vorprogrammiert, es muß ihn geben, weil die Schulung der Dialog- und Konfliktfähigkeit bis hin zur Streitkultur ein für unseren Kulturkreis lebensnotwendiges Element darstellt. Jeder Lebensbereich weist im Grunde eine Polarität auf. Auf dieser Polaritätsskala bezieht der reife Mensch zwischen den Endpunkten Position. Um diese einnehmen zu können, müssen die Extrempositionen zumindest angedacht bzw. auch ansatzweise ausgelebt werden, um im jugendlichen Experimentieralter Reaktionen und Reaktionsbereitschaft anderer Menschen einschätzen zu lernen.

Konflikt ist selbstverständlich auch unter dem Aspekt von Nähe und Distanz zu sehen. In der nahen und engen Verbindung der familiären Zusammengehörigkeit wird sich der Konflikt häufig heftiger und intensiver entladen. Gerade im Pubertäts- und Adoleszentenalter nimmt die Heftigkeit notwendigerweise zu, damit sich der Jugendliche aus der liebevollen und verständnisvollen Umklammerung befreien kann. Konflikt ist also die Folge eines permanenten Wechselspiels von Annäherungen und Entfernungen. Auf bisweilen gefährliche Nähe, mit hohem Reibungs- und Hitzepotential, folgt die rasche Entfernung, die im Jugendlichenalter oft nicht lange ertragen werden kann, weshalb darauf wieder eine Annäherung folgen muß. Das Wechselspiel von Lockverhalten und Abstoßungsreaktion hat Helm Stierlin im Bild einer sich drehenden und dabei weitenden Spirale zum Ausdruck gebracht. Im Entfernungsprozeß läuft sie gleichsam unrund. Erst bei Erreichung des nötigen Abstandes kommt es zu einer Parallelisierung und Harmonisierung des Umgangs mit anderen Menschen und damit zur Erfüllung der Zielvorgabe: soziale und sexuelle Beziehungsfähigkeit.

Auf dem Weg zur gesellschaftlichen Reife

Das Jugendalter ist aber nicht nur ein Suchprozeß nach Identität und nach einem Platz in dieser Welt, den der Jugendliche sich durch das Austragen von Konflikten erwirbt, sondern auch eine Metamorphose. Vielleicht ist es manchmal notwendig, (bildlich gesprochen) den Weg vom Ei über die Raupe, die Puppe oder Larve bis hin zum Schmetterling zu wählen. Den Wandlungsprozeß müssen wir sehr häufig als Verpuppung erleben, durch welche die Unnahbarkeit, bisweilen aber auch die geringe Verletzlichkeit des in der Puppe eingesponnenen Lebewesens sichtbar wird. Der Wandlungsprozeß geschieht unter den kritischen Augen der Eltern, die den Beziehungsprozeß weiterhin intensiv gestalten wollen und massiv darunter leiden, daß sie in diesem Prozeß vermeintlich ausgeschlossen bleiben müssen. Es ist ihnen augenscheinlich nicht in Erinnerung geblieben, wie diese Wandlung in der eigenen Kindheit verlaufen ist. Sie waren damals mit ihrem eigenen Prozeß des Erwachsenwerdens so sehr beschäftigt, daß die Erlebniswelt ihrer eigenen Eltern völlig in den Hintergrund getreten ist.

Gleichzeitig wird dieser Wandlungsprozeß immer auch von einem Trennungsprozeß überlagert. Trennung und Abschied haben unmittelbar mit der Einsicht in die eigene Lebendigkeit zu tun. Das Kleinkind erlebt mit etwa 18 Monaten erstmalig bewußt die Trennung als einen Verlust. Für diese Trennung von der Mutter bedarf es eines Übergangsobjektes und nach Beendigung der Trennung eines Versöhnungserlebnisses, das mit einer Bewältigung der Trauerleistung einhergeht, die durch die Trennung bedingt war. Die Mutter erlebt die erste soziale Trennung in der für sie oft sehr schmerzlichen Äußerung des Kindes: Ich habe meine Lehrerin viel lieber als dich. Es ist wie ein erstes Wetterleuchten, wenn die Mutter erfährt, daß einer fremden Frau die Zuwendung des Sohnes gehört oder Väter gewahr werden, daß die Töchter einem anderen Mann mehr Zuwendung und Gunst schenken, als sie selbst bisher bekommen haben. Das Jugendlichenalter ist ausgerichtet auf den Prozeß der Trennung, der mehr bedeutet als nur Ablösung aus den gewohnten intrafamiliären Banden. Es ist vielmehr eine Trennung, die Endgültigkeit bedeutet. Sie ist mit einer Bruchlinie verbunden, die Eltern viel tiefer empfinden und dabei erleben müssen, wie die alten Beziehungsmuster zu ihren Kindern unwiederbringlich verlorengehen. Wenn das jüngste Kind das Elternhaus verläßt, sagen die Eltern oft: Jetzt werden wir alt.

Dieser Bemerkung steht der Ausspruch einer Mutter gegenüber, welche ihren jugendlichen Söhnen, auf dem Höhepunkt ihrer eigenen Konflikte mit dem Vater, mitteilt: Und wenn ihr es noch so sehr fordert, ich setze mich nicht in der von euch geforderten Art zur Wehr. Denn: Meine Kinder sind liebe, willkommene, gerngesehene, wenn auch anstrengende Gäste. Aber sie verlassen das Haus und kehren nur als Gäste zurück, immer seltener und aus einer anderen, fremden Welt. Ich hingegen muß und will mit dem von mir gewählten Partner zusammenbleiben. Eine andere Mutter erklärte: Mit dem Erwachsenwerden meiner Kinder ist eine extrem wichtige Periode meines Lebens zu Ende. Es wird neue Beziehungen geben, aber die Gemeinsamkeit, die mir die Familie bedeutet hat, ist endgültig vorbei.

Und wie sieht die Trennung aus dem Blickwinkel des Jugendlichen aus? Auch er trennt sich ja permanent. Ab dem Moment, wo die Zuneigung zum Liebespartner an Gewicht gewinnt, trennt er sich von der gleichgeschlechtlichen Freundin oder dem gleichgeschlechtlichen Freund. Wie endet doch das Märchen des Froschkönigs? Der treue Freund teilt dem ehemals verwandelten Prinzen mit, wie sehr er unter der Verwandlung gelitten hätte und daß schwere Eisenbande um sein Herz gelegen seien, die er nunmehr, da ein glückliches Ende naht, sprengen müsse, damit die Freundschaft wieder Freiheit erlangen könne. Der Prinz jedoch, längst hingerissen der Braut zugewandt, ignoriert die alte Männerfreundschaft.

Trennung will also trainiert und wie alles andere im Leben gelernt sein. Sie muß sich an bestimmte Spielregeln halten, um verkraftet werden zu können. Sie muß eine Vertrautheit mit Trauer und deren Bewältigung beinhalten. Trauerarbeit gehört zu den wichtigen Erfahrungen des Jugendlichenalters, da innige Vertrautheiten mit schmerzlichen Trennungserfahrungen in rascher Folge wechseln.

Trennung wird, nachdem der Jugendliche erwachsen geworden ist, auch zu einer Frage des Lebensstils, der vom Umgang mit Trauer und Trennung in der Pubertät geprägt wird. Auch Trauerarbeit und Trennungskultur haben viel mit Imitationslernen zu tun. Die Entscheidung etwa, einer Beziehung keine oder wenig Chancen zu geben und gleich die Trennung herbeizuführen, hat mit der unterentwickelten Streitkultur ebenso zu tun wie mit der Unfähigkeit, erwachsene Konfliktlösungsmodelle für seine eigenen, speziellen Problemlagen zu entwickeln. (Dieser Mechanismus zeigt sich an den Scheidungsraten, die von Generation zu

Generation steigen. Trennung durch Scheidung stellt in der Zwischenzeit eine durchaus gängige und kulturspezifische Trennungsvariante dar.)

Die Trennung ermöglicht aber immer auch ein Stück Autonomie, und dieser folgt schließlich eine eigene Identität, welche Selbst- und Fremdverantwortung bergen sollte. Selbstverantwortung bedeutet, für das gegenwärtige und künftige Leben Sorge zu tragen, Risiken frühzeitig zu erkennen, abzuwägen und abzuwehren, sinn- und planvoll vorauszudenken und im Wollen, Denken und Fühlen zielgerichtet und für das eigene Wohlbefinden gesichert vorauszuplanen. In der Selbstfindung soll auch jene moralische Urteilsfähigkeit erreicht werden, die Recht von Unrecht unterscheiden kann, aber auch Tragweiten abzuschätzen vermag, um einen – nach den eigenen Sinnfragen abgestimmten – Weg zu wählen.

Eine autonome Wertewelt, abgestimmt nach Idealen, die selbst definiert wurden, ist dann erreicht, wenn der sozioökonomische ebenso wie der soziokulturelle Status erreicht ist. Dies führt zur Sinnfindung des Lebens, die letztlich nicht fremdbestimmt sein kann und darf, sondern ausschließlich aus einem strengen Prüfprozeß hervorgegangen sein muß, insofern als der einzelne als Resultat der philosophischen Krise mit ihrer Sinnsuche nach Idealen und Ideologien von sich sagen kann: Ich sehe meinen Sinn im Leben... Dies mag alles idealtypisch als Forderung in den Raum gestellt werden, ist aber als ein Pol der Darstellung aufzuzeigen gegenüber jenem anderen, pessimistischen Pol, der die No-future-Generation geprägt hat, deren Selbst- und Sinnfindung nicht von Idealen, aber sehr häufig von Ideologien geprägt ist. Diese münden letztlich in der Ausprägung eines antisozialen Über-Ich, also einer Gewissensbildung, die den Sinn des Lebens aufgrund der negativen sozioökonomischen Bedingungen entweder in Rache oder in Rebellion sieht, da sie den gedachten, phantasierten, in Dialogen vorgegebenen, sogenannten positiven Idealen kein Ergebnis abzuringen imstande ist.

Ziel des beschriebenen Suchprozesses der Metamorphose und der Selbst- und Sinnfindung sollte also das schon mehrfach zitierte Reifestadium sein, das seinem Begriff nach Verantwortlichkeit, Glücks- und Liebesfähigkeit sowie Toleranzfähigkeit umfaßt. Erschien es den Eltern zuerst noch viel zu früh, daß sich das pubertierende Kind einen neuen sozialen Status erobern wollte, so kann ihnen der Jugendliche nicht rasch genug den Status des jungen Erwachsenen erreichen, das heißt die nötige Reife an den Tag legen. Jeder Rückfall in Unreifestadien, also in Verhaltensweisen, die einem jüngeren Entwicklungsalter entsprechen, wird als grober Rückfall in die Kindheit gedeutet und wiederum nicht nur vielfach beredet, sondern gleichsam geächtet.

Ist die erste Sturm- und Drangperiode scheinbar überwunden und kann man miteinander wieder, wie es so schön heißt, vernünftig reden, folgt sogleich das Delegieren vieler Aufgaben an den Jugendlichen, die nun von dem vermeintlich verläßlichen Erwachsenen erfüllt werden sollen. So als wäre der Status des jungen Erwachsenen einem Dienstboten gleich, sollen Aufgaben des organisierten Familienlebens nunmehr von dem Jugendlichen übernommen und ausgeführt werden: von Reparaturaufträgen über Einkäufe, langen Wegen, Überbringen von Botschaften bis zu scheinbarer Beratung der Eltern, die letztlich nur darauf hinauslaufen, daß der Jugendliche einen Teil ihrer Arbeit erledigen soll. Aus diesem Vorgang resultiert die Ambivalenz zweier Verhaltensweisen, von der Eltern und Jugendliche gleichermaßen gefangen sind: einerseits den Jugendlichen für erwachsen zu erklären, ihn aber andererseits wie ein Kind zu behandeln.

Kaum eine Äußerung wird vom Jugendlichen so erbittert bekämpft wie der Vergleich mit Altersgenossen. Erstaunlicherweise sind es immer wieder die anderen, die Töchter und Söhne von Bekannten, die von Eltern als Vorbilder herangezogen werden – sei dies in bezug auf schulische Leistungen, die ein hohes Maß an Autonomie und Selbstverantwortung verlangen, sei es bezüglich völlig banaler Eigenschaften der Selbstorganisation oder bestimmter Ordnungskriterien, die in der Familie einen hohen Stellenwert haben. Diskussionen über den Stellenwert erreichter oder erst zu erreichender Ziele werden von den Jugendlichen mit aufbrausenden Abwehrreaktionen beantwortet. Sie warten nur darauf, daß das Vergleichsobjekt, das so leistungsstark und erfolgreich ist, scheitert, um den Eltern triumphierend aufzuzeigen, daß wieder einmal ein Paradebeispiel, dem es nachzueifern galt, nicht das Optimum an Reife darstellt.

Die Frage des zu einem bestimmten Alter skalierten Reifseins ist so individuell wie der Mensch selbst. Erreichen Jugendliche manchmal bereits in der Phase der Pubertät eine von der sozialen Umwelt hoch gelobte Reife im sozialen Umgang, entpuppen sie sich beim näheren Hinsehen als absolut unreif in ihren Gefühlen und Ängsten, die kindhaft geblieben sind. Oft zeigen ach so vernünftige Jugendliche zu Beginn des Adoleszentenalters ein exzessiv kindisches Verhalten, während vormals als extrem schwierig eingestufte Pubertierende gleichsam über Nacht gut lenkbar und vernünftig geworden sind und plötzlich als leuchtende Vorbilder für andere Familien dienen.

Grundsätzlich geht es in der Pubertät aber nicht nur Eltern mit ihren Kindern so. Jugendliche stellen ebenso einen permanenten Vergleich an, der sich somatisch an den körperlichen Reifekriterien orientiert, wie etwa am Größenwachstum, welches der vielleicht objektivste Parameter ist. Zumal man in einem bestimmten Lebensalter im Wachstumsschub eine direkte Korrelation zwischen dem Lebensalter – auf Geburtstag und Monat genau – und Körpergröße sowie Körperbau und Körpergewicht herstellen kann. Als reif gilt, wer bereits ausgewachsen und im Besitz der Ausbildung der tertiären Geschlechtsmerkmale ist.

Intellektuell findet der Vergleich eher verdeckt statt, mißt er sich doch an Hobbies, Interessen, Lesestoff, bestimmten Computerspielen und dem Umgang mit dem PC. Daraus leitet der eine Jugendliche ab, daß der andere etwa noch kindlich denkt, sich noch nicht für jene Details interessiert, die den jeweiligen sozialen Status des Jugendlichen ausmachen, also noch nicht dazu gehört.

Die emotionale Reife des einzelnen messen Jugendliche untereinander an den gelebten oder zumindest kolportierten Liebesbeziehungen. Liebesbeziehungen im Pubertätsalter haben vor allem numerischen Wert. Wie alt er oder sie sind, wie lange man zusammenbleibt, ob man den Status des Miteinander-Gehens erreicht, ob sie oder er einen überhaupt wahrgenommen hat und ob die anderen die Liebesbeziehung als solche registriert haben. Reife sucht also scheinbar immer wieder Skalierungsmöglichkeit: Wie oft, wie intensiv, wie lange irgendeine Handlung erfolgreich durchgeführt und vollendet wird.

Die soziale Reife schließlich ergibt sich aus dem Angenommensein in einer *Peer-group*. Die *Peer-group* definiert sich aus uniformen Äußerlichkeiten wie Kleidung, Haartracht und Modetrends, der Sprache, dem sozioökonomischen Status, den Kulthandlungen und -gegenständen und üblicherweise aus einem tatsächlichen oder vermeintlich befeindeten Außenkollektiv bzw. einzelnen Personen, die es gilt, abzulehnen, zu ächten, herabzuwürdigen – notfalls genügen dazu auch die Eltern. Erstaunlicherweise phantasiert und projiziert ein Jugendlicher in diesem Lebensalter in den anderen einen höheren sozialen Status der Reife, als er ihn selbst erreicht hat.

Deshalb werden wir im Kapitel »Die Persönlichkeit als Ganzes« auf die einzelnen Merkmale, die dem Wandlungsprozeß zugrunde liegen, näher Bezug nehmen. In diesem Ganzheitskonzept findet die Relation von körperlicher, intellektueller, emotionaler und sozialer Wandlung besondere Berücksichtigung. Kein Bereich soll isoliert, vielmehr jeder in Wechselbeziehung gesehen werden. Nur so kann dem Konfliktpotential die Bedeutung zugemessen werden, die schließlich die Ängste der Eltern in der Pubertät erreichen, mit denen sich dieses Buch in erster Linie beschäftigt.

Die Persönlichkeit als Ganzes

Um ein umfassendes Persönlichkeitsbild des Menschen aus psychiatrischer, pädagogischer, psychologischer und psychotherapeutischer Sicht herstellen zu können, muß er in seiner Körperlichkeit, Intellektualität, Emotionalität und Sozialisation betrachtet werden. Diese vier Kriterien können nun an den aktiven und passiven Entwicklungsprozeß, gleich einer Meßlatte, angelegt werden. Unter passivem Prozeß verstehen wir, was mit einem Menschen im Laufe der Entwicklung gemacht wird, wie er geformt wird. Als aktiv zu bewerten ist, was derselbe Mensch aus dem Angebotenen mit sich selbst macht und bewirkt. In dieser ganzheitlichen Sichtweise sind sowohl genetische als auch erzieherische Kräfte wirksam. Diese Kräfte führen den Menschen je nach Stadium der Entwicklung entweder zur Annahme oder zur Zurückweisung der Normen und Werte, die ihm die Gesellschaft anbietet. In der Erziehung des Kindes ist es also nicht leicht herauszufinden, welcher Einfluß in welchem Lebensalter bestimmend ist.

Gerade diese Unsicherheit macht den Eltern Angst. Sie fragen sich, ob sie richtig gehandelt, ob und wann sie Fehler gemacht haben. Aus meiner jahrzehntelangen Arbeit mit Kindern, Jugendlichen und deren Eltern wage ich zu behaupten, daß Eltern grundsätzlich an Fehlverhalten von Kindern nicht Schuld tragen. Die Gesellschaft macht es sich mit derartigen Schuldzuweisungen oft zu leicht. Dabei wird meist von einem vorsätzlichen Fehlverhalten der Eltern ausgegangen. Ich selbst habe aber niemals erlebt, daß Eltern ihre Kinder vorsätzlich und bewußt geschädigt haben, indem sie absichtsvoll negative Einflüsse auf ihr Kind ausübten. Ich habe ungeschickte, fehl- und irrgeleitete Eltern kennengelernt. Ich habe unflexible, extrem autoritäre, in ihrer Erziehungshaltung starre Eltern erlebt. Bewußt verletzende, planvoll zerstörende Eltern habe ich jedoch nie getroffen. Jene Eltern, die ihre Kinder negativen Einflüssen aussetzen, folgen letztlich nur jenen Erziehungsstilen, die ihnen selbst vorgegeben wurden, sei es aufgrund ihrer eigenen Erziehung oder ihrer Ohnmacht, die es verhindert, sich angemessen orientieren zu können.

Als Psychotherapeut der individualpsychologischen Richtung nach Alfred Adler möchte ich ausdrücklich darauf hinweisen, daß für die individualpsychologische Sichtweise die Vergangenheit eines Menschen nur dann von Interesse ist, wenn ich ihn in seinem momentanen Entwicklungszustand verstehen möchte. Das bedeutet keine Herabminderung der psychoanalytischen Theorien und der darauf gegründeten Praxis und stellt auch keine andere psychotherapeutische Schule ins Abseits. Für den erziehungsorientierten Therapeuten und Kinderpsychiater hat sich aber die oben angeführte Sichtweise sehr bewährt und stärkt die Dialogbereitschaft zwischen Eltern und Therapeuten.

Meine Hilfe setzt im Heute, Hier und Jetzt, mit dem Blick auf morgen und auf die Zukunft an. Mit dem Blick darauf, was in vier Wochen, drei Monaten, einem Jahr oder in fünf Jahren sein wird. Nur der Blick auf die Zukunft, der begleitet ist von umfassendem Wissenserwerb, kann einen allfälligen Prozeß der Einsicht und Umkehr einleiten.

Beharrlich nachfragenden Eltern, die unbedingt wissen wollen, was sie denn falsch gemacht hätten, halte ich dann oft entgegen: Am 4. Februar 1974, um 15.25 Uhr haben Sie Ihre Tochter/Ihren Sohn drei Minuten und 40 Sekunden zu lange auf dem Töpfchen sitzen lassen. Sie wissen nun eine Ursache Ihres Erziehungsfehlverhaltens. Was werden Sie nun mit diesem Wissen tun? So wichtig das Ergründen von Ursachen auch sein mag, die Entscheidung, wie wir damit weiter umgehen, scheint mir der wesentlich wichtigere und praktikablere Ansatz zu sein. Das heißt: Nehmen wir diesen Zeitpunkt als Ausgangspunkt für unser weiteres Arbeitsbündnis!

Wir wollen also den Menschen in seiner körperlichen, intellektuellen, emotionalen und sozialen Erscheinung ansehen, um ihn in seiner Ganzheit besser erfassen zu können. Dies ist die Voraussetzung, daß wir als Erzieher mit unseren eigenen Ängsten besser umgehen können und darüber hinaus unseren Kindern praktikable Ratschläge und Hilfestellung zu geben.

Körperlichkeit

Wollen wir den Jugendlichen und die körperlichen Veränderungen, die er durchmacht, besser verstehen, ist es sicher nützlich, sich an die eigene Jugend, die Ängste und Fragen, mit denen man beschäftigt war, zu erinnern. Der Prozeß der Verwandlung in einen Erwachsenen wird von einer Fülle an körperlichen Details, die sich rasch verändern, begleitet. Meist wird der Jugendliche mit diesen Veränderungen allein gelassen, selten wird ihm etwas erklärt.

So zahlreich die Neuordnungen des Körpers sind, so individuell sind auch die Reaktionen der Jugendlichen darauf. So ist dem einen das plötzliche Wachstum der Finger, dem anderen jenes der Zehen und einem dritten das seiner Nase ein Problem. Ein Versuch, mit diesem Wandel zu leben, ist der permanente Größenvergleich mit anderen. Mit ihm ordnen wir uns ein und finden unseren sozialen Platz. Bei Mädchen kommt es zwangsläufig zu Ängsten und Bedenken hinsichtlich der richtigen Größe und Proportionierung ihrer verschiedenen Körperteile, da etwa die linke Brust rascher und in ihrem Umfang intensiver wachsen kann als die rechte. Ratschläge der Erwachsenen wie: Das wächst sich schon noch aus! werden zumeist abgelehnt. Sie werden nicht geglaubt, weil sie mit jenen stereotypen Formeln gleichgesetzt werden, die man von klein auf wieder und wieder aufgetischt bekam: Bis du heiratest, ist alles in Ordnung.

Derartige Aussagen sind als Hilfestellung vollkommen ungeeignet, da sie auf eine ferne Zukunft verweisen. Das Jugendlichenalter ist geprägt vom Augenblick, von der

Gegenwart, von der Unfähigkeit, Entscheidungen aufzuschieben. Als Jugendlicher duldet man keine Vertröstungen, keine in Aussicht gestellten vagen Versprechungen. Versprechen sind nur in den seltensten Fällen auf ihr späteres Eintreten überprüfbar. Das Kind und der Jugendliche haben noch zuwenig (manchmal bereits zuviel) Lebenserfahrung, um diesen Beteuerungen Glauben zu schenken.

Dieser Mangel an ernsthafter Auseinandersetzung mit den körperlichen Veränderungen verschärft die Ängste der Jugendlichen zusätzlich. Durch das schneller einsetzende Knochenwachstum, vor allem der Extremitäten, und den langsameren Zuwachs an Muskelsubstanz kommt es zum typisch schlaksigen Bewegungsmuster des jungen Menschen. Er erlebt sich als ungelenk, ungeschickt und wenig attraktiv. Diese disharmonische Phase dauert viele Monate und führt zu besonderer und aufmerksamer Beobachtung des eigenen Wandels im Vergleich mit anderen. Während dieser Zeit wird alles versucht, um das Äußere dem Wunschbild anzupassen. So wird etwa eine Frisur gewählt, die größer erscheinen läßt, da es sowohl für Mädchen als auch für Knaben als besonders erstrebenswert gilt, möglichst groß zu sein.

Besonders ängstlich reagieren Jugendliche dann, wenn es um Größenvergleiche im Sexualbereich geht. Nicht nur der Vergleich der Penisform und -länge bei männlichen Jugendlichen macht unsicher, die individuellen Körperempfindungen sind es, deren Vergleichbarkeit so schwierig ist, da geeignete Worte und Ausdrucksformen fehlen. Es ist gänzlich unklar, an wen sich der junge Mensch wenden könnte, um geeignete und sinnvolle Antworten zu erhalten. Wohin er sich auch wendet, über diesen sensiblen und heiklen Lebensbereich wird nicht gesprochen. Es tut sich also eine Kluft zwischen Eltern und ihren Kindern auf. Einerseits ist da der Jugendliche, der seine Angst kaum in Worte fassen kann, auf der anderen Seite stehen die Eltern, die auf diese hilflosen Kommunikationsversuche mit ausweichenden oder nichtssagenden Antworten reagieren.

Diese Kluft zwischen Eltern und Kindern ist nur überbrückbar, wenn sich die Eltern auf die Existenzängste ihrer Kinder einlassen, ihre eigenen Abwehrhaltungen überwinden und von Sätzen wie: Das ist ja gar nichts, da hättest du einmal erleben sollen... Abstand nehmen. Eltern sollten akzeptieren, daß ein für sie banales Problem für den Jugendlichen fundamental wichtig sein kann. Gerade an den kleinen Wehwehchen und den körperlichen Sorgen stellt der Jugendliche die Wahrhaftigkeit der Eltern auf die Probe. So stehen wir Eltern also auf dem Prüfstand der Glaubwürdigkeit und dürfen uns nicht wundern, wenn wir durch ausweichende, verharmlosende und teilweise auch falsche Antworten jene Reputation verspielen, die wir so nötig brauchen, wenn es um die sogenannten wichtigen Fragen des Lebens geht.

Wenn in diesem Buch immer wieder von kindlichen und jugendlichen Ängsten gesprochen wird, dann deshalb, um Eltern dezidiert darauf hinzuweisen, daß Ängste einfach existent sind und daß Ängste der Kinder auch zu Ängsten von Erwachsenen werden. Wir müssen erkennen und akzeptieren lernen, daß es sie gibt. Menschen, die behaupten, sie hätten keine Ängste, weisen sich weder als Helden noch als Menschen frei von Angst aus. Sie zeigen vielmehr, wie sehr Erwachsene geneigt sind, in einer rationalen Welt Gefühle auszuklammern, besonders dann, wenn sie vermeintliche Schwäche bedeuten.

Der Jugendliche ist in seinem körperlichen Wandel allerdings nicht nur Ängsten unterworfen. Er verknüpft auch, durch den Vergleich mit anderen, eigene Erwartungen und Hoffnungen an seinen Körper. Wird ihm Körperlichkeit, verstärkt durch medialen Einfluß, permanent als jung, fit, gestylt, schick, schön, formbar und ewig jugendlich vorgezeigt, so muß er selbstverständlich in seinem Vergleich verunsichert werden. Diese Verunsicherung bleibt oft bis ins hohe Alter erhalten. Die kritische Betrachtung des eigenen Körpers und der Vergleich mit der vorgegebenen Norm führt meist zu der Überzeugung, daß man nicht vollkommen ist. Die Bilanz ist meist negativ. Um nun das Negativbild zu überwinden, versuchen die einen, sich aktiv einem Idealbild anzunähern, andere wiederum reagieren mit totaler Ignoranz bis hin zur Apathie.

Beim aktiven Versuch soll der Körper dazu gebracht werden, jene Formen anzunehmen, die dem herrschenden Ideal und Modetrend gerecht werden, notfalls mit Gewalt. Körperliche Schwachstellen werden mit Kleidung kaschiert, vermeintliche Unzulänglichkeiten im Gesicht werden durch Make-up wettgemacht, körperliche Defizite werden mit Hilfe von Bodybuilding, Hungerkuren, Bräunungsinstitutshilfen und Massagen bekämpft. Körperlicher Mangel oder gar Behinderung werden als besonders dramatisch erlebt und können das seelische Gleichgewicht des Jugendlichen empfindlich stören. In dieser Situation wird jedes unernste Verhalten seitens der Erwachsenen nicht nur zurückgewiesen, sondern auch mit Aggression beantwortet.

Passiv reagieren Jugendliche, wenn sie sich dem Idealbild verweigern wollen. Sie negieren dann nicht nur ihre körperlichen Defizite, sondern tragen auch dazu bei, daß diese

Defizite, von denen sie überzeugt sind, noch stärker zutage treten. Die Vernachlässigung der Körperpflege ist ebenso kennzeichnend für diese Ignoranz wie extreme Gewichtszunahme durch schlechte Ernährung oder Frustfressen. Auch in diesem Fall reagieren die darauf angesprochenen Jugendlichen meist mit Aggression als aktiver Abwehr. Diese kann sowohl zu Depressionen führen als auch zu einer bewußten Verstärkung der Passivität bis hin zur Apathie.

Letztlich sind alle Versuche, sich dem Idealbild anzunähern oder es abzulehnen, Teil eines Experiments. Mit sich zu experimentieren heißt, Leistungsgrenzen auszuloten. Wenn auch der Einsatz oft riskant ist, der eigene Körper will in seiner Ganzheit gespürt und erlebt werden (Beispiel 1, Seite 47). Was Eltern oft als Verrücktheit abtun, ist für Jugendliche häufig ein ganz normales Training, um ihren Körper auszutesten (Beispiel 2, Seite 48). Teil solcher Tests sind häufig Mutproben, die Jugendliche zwar tatsächlich in Gefahr bringen, doch dieses Risiko gehört zum Lebensalter. Weit gefährlicher dabei ist die Unbedachtheit, die jede intellektuelle Überprüfung unmöglich macht (Beispiele 3 und 4, Seiten 48 und 49).

Wie leichtfertig das eigene Leben aufs Spiel gesetzt wird, wenn es darum geht, den Körper an die Grenzen seiner Möglichkeiten zu treiben, ist auch nicht nur ein Privileg der männlichen Jugend. Mädchen sind durchaus ebenso effizient, wie das Beispiel der Pubertäts-Magersucht von Annette beweist (Beispiel 5, Seite 49). Die Geschichte von Annette steht hier nur als Beispiel für Tausende von jungen Mädchen, die vom Problem der Pubertätsmagersucht betroffen sind. Hinter der Magersucht verbirgt sich eine überkritische

Auseinandersetzung mit dem eigenen Körper. Hier verbindet sich ein verändertes Körper-Bild mit einem kultähnlichen Schlankheitswahn, der sich plötzlich selbständig macht und das junge Mädchen dazu zwingt, jede rationale Überprüfung des eigenen Tuns außer Kraft zu setzen. Dieses Phänomen ist leider im Zunehmen begriffen, und eine erfolgreiche Behandlung kann zumeist nur in einem stationären Spitalsaufenthalt mit umfangreichen Psychotherapien durchgeführt werden.

Neben der Pubertätsmagersucht zählen vor allem die Selbstverstümmelungen zu den häufigsten Methoden, das eigene Leben für Grenzerfahrungen einzusetzen. Selbstverstümmelungen nehmen nicht nur an Zahl, sondern auch in der Vielfalt ihrer Formen zu. Sie dienen vor allem dazu, die Umgebung in Panik zu versetzen und so Aufmerksamkeit auf sich zu ziehen (Beispiel 6, Seite 51).

In all dem zeigt sich das hohe Maß an Interesse herauszufinden, wie der eigene Körper funktioniert. Wie kann ich meinen Körper austesten, wo sind seine Grenzen und wie steht es mit seiner Funktionstüchtigkeit? Wie kann ich ihn gebrauchen und allfällig auch mißbrauchen, wo setzt mir mein Körper Grenzen, ohne daß ich dafür mit meinem Leben bezahle?

Auch die körperlichen Reaktionen sind nur im Zusammenspiel mit der intellektuellen, emotionalen und sozialen Empfindungslage des Jugendlichen wirklich zu verstehen. Die Devise ist der Vergleich. Mitmachen ist Pflicht, und Neugier ist der Motor aller Handlungen. Vor allem Extremsportarten, wie etwa *bungee-jumping* oder *train-surfing* – das Erklettern des Daches eines Eisenbahnwaggons bei voller Fahrt – eignen sich besonders für solche Attacken gegen den eigenen Körper und damit zur Provokation für andere. *Train-surfing* wird durch noch gefährlichere Aktionen in Aufzugsschächten übertrumpft oder dem Spiel, wer schneller vor einem heranrasenden Auto die Autobahn überqueren kann. Wettkampf heißt die Devise, vor allem in der jungen Männerwelt.

Die Konkurrenzkämpfe junger Burschen haben ebenso mit dem Ausbrechen der Sexualität zu tun wie die extrem kritische Selbstbetrachtung junger Mädchen. Der erwachenden Sexualität muß in dieser Phase der Erprobung des Körpers eine große Bedeutung zugewiesen werden. Die besondere Aufmerksamkeit, die der Jugendliche nun dem eigenen Körper gegenüber an den Tag legt, führt automatisch auch zu Handlungsweisen, die dem Erwachsenen oft unverständlich sind. Masturbationshandlungen unter Einbeziehung aller möglicher Gegenstände gehören ebenso zum Entdeckungsritual des reif werdenden Körpers wie homoerotische Handlungen, die in manchen Fällen (Beispiel 4, Seite 49) ins Extreme kippen können.

Beispiele zum Thema Körperlichkeit

BEISPIEL 1

Die Mutter stellt dem Psychiater ihren 15jährigen Sohn Siegfried, einen Adoleszenten aus der gehobenen Mittelschicht, mit den Worten vor: Sie müssen ihn untersuchen, er muß verrückt geworden sein. Der Psychiater, der aus Habitus, Gestik und Mimik nicht schließt, daß dies der Fall ist, fragt nach den vermeintlichen Symptomen. Die Mutter erzählt daraufhin, sie habe den Jugendlichen am Vorabend gegen 22 Uhr auf dem Balkon splitterfasernackt stehen gesehen. Auf die Frage, was er dort mache, habe der Jugendliche geantwortet: nichts. Auf weitere Fragen der Mutter habe er keine Antworten mehr gegeben.

Allein mit dem Jungen, fragt der Psychiater Siegfried, ob es sich dabei um eine Wette gehandelt habe. Siegfried antwortet, daß das reines Training sei, denn er wolle gerne wissen, wieviel er aushalten könne. »Ich trainiere bereits seit 10 Tagen und lege täglich 30 Sekunden zu. Ich halte es bei minus 5 Grad bereits 4 Minuten und 30 Sekunden unter null Grad aus. Ich will sehen, was mein Körper kann.«

BEISPIEL 2 Die Lust am Vergleich der Belastbarkeit führt bei einer Gruppe von Jugendlichen zu einem ernstzunehmenden Unfall. Die Gruppe unternimmt mit ihren Snowboards extreme Wettsprünge. Das gegenseitige Übertrumpfen bringt einen der Jungen dazu, einen so weiten Anlauf in einer so riskanten Haltung an einer so gefährlichen Sprungstelle zu wählen, daß es zum Unfall kommen muß. Dabei werden alle Sicherheitsmaßnahmen außer acht gelassen, denn hinter dem Schanzentisch befindet sich kein ausreichender Auslauf, sondern eine steile und abschüssige Halde. Der Jugendliche verletzt sich schwer.

BEISPIEL 3 In die jugendpsychiatrische Klinik wird ein bewußtloser Vierzehnjähriger eingeliefert. Bereits bei der Aufnahme liegt der Verdacht nahe, daß es sich bei dem Jungen aufgrund des starken Alkoholgeruchs um eine Alkohol-»Wochenendleiche« handelt. Nach intensiv-medizinischer Betreuung in der Notfallaufnahme stellt sich heraus, daß der Jugendliche einer Gruppe angehört, die sich seit Wochen regelmäßig am Sonntagnachmittag trifft, um Alkohol gemeinsam mit einem stark wirkenden Schlafmittel einzunehmen. Der Wettkampf besteht darin herauszufinden, wer von Woche zu Woche mehr verträgt. Aussagen wie: Vergangene Woche habe ich 1 Liter Wein und 4 Schlafmittel geschafft, führen bei den anderen Jugendlichen zur Herausforderung, diese Vorgabe zu übertrumpfen. Mit 2,4 Promille Alkohol im Blut und einer schweren Schlafmittel-Vergiftung, die eine akute Lebensgefahr bedeutet, wird der Jugendliche dank umsichtiger Straßenpassanten rechtzeitig ins Krankenhaus gebracht, sein Leben gerettet.

BEISPIEL 4

Zwei 13jährige Knaben spielen an einem Nachmittag gemeinsam im Jugendzimmer. Der Hilfeschrei des einen Freundes läßt den Vater in das Zimmer stürzen. Dort findet er seinen im Unterkörperbereich entblößten Sohn bewußtlos in einer an der Fensterverriegelung befestigten Schlinge hängend vor. Der Freund war in Panik außerstande gewesen, seinen Spielgefährten zu befreien. Sofortige Erste-Hilfe-Maßnahmen des Vaters retten dem Jugendlichen das Leben. Nach Einlieferung ins Krankenhaus stellt sich heraus, daß kein Selbstmordversuch vorliegt, sondern daß die beiden pubertierenden Knaben gelesen hatten, daß Strangulation besondere sexuelle Empfindungen hervorrufe. Diese Erfahrung wollten die beiden Freunde machen. Einsicht in die Möglichkeit des tödlichen Ausgangs ihres Tuns fehlte ihnen völlig.

BEISPIEL 5

Die 14jährige Annette, hochbegabte Schülerin, beliebt bei ihren Klassenkameraden, sportlich und eloquent, mittleres von drei Kindern, hört im Sommer von einer Tante: Wie die sich gemausert hat! Das Mädchen fragt seinen um zwei Jahre jüngeren Bruder, was das zu bedeuten habe, und erhält zur Antwort: Aus einer Ente wird ein Schwan. Das Mädchen verbindet mit dem Wort Ente ein kurzbeiniges, watschelndes, fettes Etwas. Von diesem Tag an kümmert sich das Mädchen fast ausschließlich um sein Gewicht und die Ernährungsgewohnheiten der Familie. Zuerst wird beobachtet, dann kritisiert und schließlich beginnt Annette, die Mutter zu beeinflussen, die Ernährung umzustellen. Da die Mutter nur widerwillig darauf eingeht, erstellt das Mädchen einen eigenen Diätplan. Innerhalb von sechs Monaten verliert Annette acht Kilogramm. Die 1,69 m große, vormals 49 kg schwere Annette fällt nun durch ihre Schlankheit auf und wird von den Mitschülerinnen sehr bewundert. Sie erhält massive emotionale Zuwendung, die wie ein Signal auf ihren Ehrgeiz wirkt, noch mehr abzunehmen. So wird aus einem Spiel todernster Kampf.

Anfänglich merken die Eltern nichts. Das Mädchen kaschiert seine Magerkeit durch weite Kleidung und ist darauf bedacht, niemals nackt gesehen zu werden. Die Schulärztin registriert den Gewichtsverlust und macht die Mutter aufmerksam. Annettes Menstruation bleibt aus. Auch zu Sommerbeginn verweigert Annette, sich nackt zu zeigen, und erzählt immer öfter Unwahrheiten. Schließlich sprechen Fremde und Nachbarn die Eltern darauf an, ob denn gegen die Krankheit ihres Kindes nichts zu machen sei. Der Besuch beim Kinderpsychiater ergibt die Diagnose der Anorexia nervosa (Pubertätsmagersucht). Zu diesem Zeitpunkt hat das Mädchen bereits jedes kritische Bewußtsein eingebüßt. Ihr Immunsystem ist geschwächt, banale Erkrankungen können zu schweren Komplikationen führen. Das Mädchen ist aber weiterhin davon überzeugt, es sei zu dick. Für die Eltern wird der Arzt zum Feindbild, weil er drei wesentliche Fragen an Annette stellt: Ob sie im Hungerstreik sei, um gegen etwas in ihrer Umgebung zu protestieren; ob sie depressiv sei und verhungern wolle; oder ob sie mit ihrer neuen Rolle als Frau nicht zurechtkäme.

BEISPIEL 6

Ein 15jähriges Mädchen wird mit zwei tiefen Wunden am Unterarm in die Unfallstation eingeliefert. Die Schnittverletzungen bedürfen einer längeren und intensiven chirurgischen Versorgung. Die Stelle des Einschnittes sowie die Schnittführung deuten auf einen Selbstmordversuch hin. Aus diesem Grund wird das Mädchen in die jugendpsychiatrische Abteilung überwiesen. Dort stellt sich heraus, daß das Mädchen weder an einer Depression leidet noch Lebensunlust verspürt oder Suizidgedanken hegt. Allerdings wird es immer wieder von einem Impuls heimgesucht, der es dazu zwingt, sich selbst zu verletzen und sich so von einer inneren Spannung zu befreien. Die Verletzungen führen dazu, daß sich das Mädchen in wenigen Wochen über 20 Schnitte in Ober- und Unterarm zufügt. Der Schnitt in den eigenen Körper, das damit verbundene Schmerzgefühl und die Schmerzlust führen bei der Wundversorgung zu einem höheren Maß an emotionaler Zuwendung. Es kommt zu einer Mischung aus Sich-Erleben, Sich-interessant-Machen, Sich-Leid-Zufügen. Dabei wird aber die Grenze, die zum fatalen Ausgang führen könnte, nicht überschritten, da ansonsten der Sinn des Hilferufs nach Aufmerksamkeit für die eigene Situation völlig verfehlt würde.

Intellektualität

Die intellektuelle Entwicklung des Menschen ist nicht weniger komplex und wird von ebenso hohem Konfliktpotential begleitet wie die körperliche. Beim Übergang vom Kind zum Erwachsenen wandelt sich das logisch-konkrete Denken in ein logisch-abstraktes Denken. Dabei ist der junge Mensch vor allem Veränderungen in seiner Wahrnehmung, seiner Vorstellungswelt, beim Lernen, bei den Gedächtnisleistungen und im Sprachverhalten ausgesetzt. Darüber hinaus gilt es, neue Begrifflichkeiten für oft ähnliche Vorgänge zu finden und neue Problemlösungsstrategien für die veränderten Verhältnisse zu entwickeln.

Auch für die Eltern bergen diese langsam und schleichend vor sich gehenden Wandlungen ein hohes Konfliktpotential. In unserer heutigen Gesellschaft nimmt der Informationsstand von Generation zu Generation rasant zu. Das heißt: Eltern bleiben oft hinter den Kenntnissen ihrer Kinder zurück. Das erzeugt Angst, daß einem die Kinder einmal über den Kopf wachsen könnten, Angst, man wäre ihnen intellektuell nicht mehr gewachsen, und Angst, dadurch an Autorität zu verlieren. (siehe Kapitel Exkurs: Internet-Kids und Beispiel 7, Seite 61)

Die visuellen und akustischen Wahrnehmungsleistungen verbessern sich im Adoleszentenalter und erreichen ihren höchsten Standard. Die Sehschärfe- und Differenzierungsleistung für Farben und Helligkeit nehmen ebenso zu wie die Form- und Distanzwahrnehmung. Es ist also auch nicht verwunderlich, daß gerade in diesem Alter mit bewußtseinsverändernden Drogen experimentiert wird. Psychedelische Drogen wie LSD werden dazu eingesetzt, um die im körperlichen Bereich erprobten Grenzen nun auch im intellektuellen Bereich zu testen und so noch mehr Erfahrung zu sammeln, als innerhalb der vorgegebenen Normen und Werte der Gesellschaft möglich wäre.

Aus diesen Experimenten im visuellen und akustischen Bereich setzt sich jene Sinneswahrnehmung zusammen, mit der der Jugendliche die Welt betrachtet. Er entwickelt einen eigenen Geschmack, und Extreme werden ausgereizt. Vor allem in der Mode schließt man sich neuen Trends an, um dabei Überkommenes und Althergebrachtes in Frage zu stellen und die Verfechter einer bestimmten Tradition zu schockieren. Dies gehört zum Vorrecht der Jugend. Kunst und Kultur, vor allem die Musik, gewinnen an Bedeutung, da sie die Kreativität des Jugendlichen anregen und in ihrer grenzüberschreitenden Funktion besonders gut für Provokationen geeignet sind. Mit Melodik, Harmonik und Rhythmus werden Grenzen erprobt, die dem klang- und musikgewohnten Ohr der Erwachsenen schrill und nicht nachvollziehbar erscheinen. Aber wer anders als die Jugend verdient das Anrecht, wenige Jahre hindurch Emotionen, Trends und Dissozialisation ungehemmt leben zu dürfen.

Was bis vor kurzem noch nicht einmal in der Vorstellungswelt existierte, tritt plötzlich in bunter, skurriler und alle Grenzen überschreitender Form um so heftiger zutage. Utopische Gegenentwürfe und philosophische Krisen lassen den Jugendlichen alle gewachsenen Sozialstrukturen in Frage stellen und diese oft in der Extremvariante in ihr Gegenteil verkehren. Allmachtsphantasien machen sich breit, und immer öfter ist: Alles ist machbar! zu hören. Gleichzeitig entwickelt sich neben dem Gedanken, alles hier und jetzt erreichen zu wollen, auch die Fähigkeit, über den Augenblick hinauszudenken, eine eigene Vorstellung von der Zukunft zu prägen. Abstraktes Denken und eine Welt jenseits der real faßbaren Umgebung eröffnen neue Horizonte. Die bisher bekannte Gefühlswelt wird auf die Probe gestellt und die dazugehörigen Wertesysteme auf ihre Tauglichkeit überprüft. Immer komplexere Systeme werden entworfen und in Diskussionen, sofern sie sich als untauglich erweisen, ebenso schnell wieder verworfen.

Interessanterweise geht mit dieser steigenden Kombinationsfähigkeit ein Sinken der Lernleistung einher. Dies hat seine Ursache darin, daß alle Energien für die Überprüfung der eigenen und der Wertewelt außerhalb und innerhalb der Familie verwendet wird. Für die von den Eltern eingeforderten schulischen Lernerfolge bleibt da kaum noch Zeit und Kraft. Der Notendurchschnitt sinkt, was beinahe immer zu heftigen Auseinandersetzungen mit den Eltern führt, da diese sich bemüßigt fühlen, den Jugendlichen zur Verbesserung seiner Leistungen aufzufordern.

Ein weiterer Konfliktherd mit den Eltern liegt in der Änderung des Sprachgebrauchs, im Erlernen eines vollkommen neuen Wortschatzes. Der Jugendliche setzt sein neues Vokabular auch in Diskussionen mit den Eltern ein. Gleichzeitig eignet sich der Jugendliche auch neue Wissensinhalte an, die er gelegentlich vollkommen falsch anwendet, was durchaus zu grotesken Situationen führen kann. Diskussionen mit den Eltern, in denen er das erworbene Wissen erprobt, sollten aber nicht nur erlaubt, sondern auch respektiert werden. Jede Jugendgeneration entwickelt ihre eigene Sprache. Sie verwendet neu erfundene Vokabeln und deutet vorhandene Worte zu einer schnoddrigen Geheimsprache um. Diese Sprache birgt in ihrer Unverständlichkeit eine klare Abgrenzung zur Erwachsenenwelt, in der *Peergroup* hingegen ist sie von besonderem Wert. Provokative Formulierungen fließen ein, Begriffe aus der Sexualsphäre werden trivialisiert und Alltagsworte sexualisiert.

Das verunsichert die Erwachsenen zutiefst. Der von den Jugendlichen neu entwickelte Sprachgebrauch dient dazu, Unterlegenheitsgefühle auszugleichen und sich von der Primärgruppe, der Familie, leichter zu lösen. Manchmal geht mit der neuen Sprachorganisation auch eine gewisse Orientierungslosigkeit einher, da man in der Sprache des Kindes nicht mehr zu Hause und in der Sprache der Erwachsenen noch nicht heimisch geworden ist. Dieser verbale Ausdrucksmangel wird oft mit Aktions- und Körpersprache überspielt. Dazu gehören Aggressions- und Gewaltdelikte ebenso wie das Übertreten von Bekleidungsvorschriften, Verweigerung des Dialogs oder auch Provokationshandlungen und psychosomatische Reaktionen. Diese oft nonverbalen Ausdrucksweisen bedürften meist eines Übersetzers. Kein Wunder also, daß Eltern und Jugendliche oft aneinander vorbeireden. Verbessert sich mit der Zeit die Begriffsbildung, werden auch Probleme kompetenter gelöst. Das Probehandeln ermöglicht es dem Jugendlichen mit zunehmender Komplexität des Denkens, fiktive Situationen zu erfinden. Nicht jede Lösungsstrategie muß also in der Realität erprobt werden. Daraus resultiert Zukunftsdenken, aber auch alltägliche Planung.

Der intellektuelle Übergang vom Kind zum Jugendlichen macht nicht nur ihm selbst, sondern auch seiner Umgebung ziemlich zu schaffen. Die Eltern suchen in einer ersten Reaktion die Schuld bei ihren Kindern, dann bei den Lehrern, die diese prompt an das Elternhaus und den Schüler zurückgeben. Letzterer findet sich in der Welt der Erwachsenen überhaupt nicht mehr zurecht.

Im selben Maß, wie die Orientierungslosigkeit zunimmt, verringert sich die Leistungsfähigkeit und -willigkeit des Jugendlichen. Waren die Kinder zwischen dem 10. und dem 12. Lebensjahr noch durchaus zu Leistungen bereit und fähig, nimmt danach das Interesse am Lernen wie am angebotenen Stoff ab. Der überwiegende Teil der intellektuellen Energie wird nun für die Orientierung in der Gesellschaft verwendet. Es wird nicht mehr dieselbe Leistung geboten, was zu elterlichen Aggressionsausbrüchen beiträgt und entnervte Lehrer zu Disziplinierungsmaßnahmen greifen läßt, was wiederum zu provokantem Verhalten der Schüler führt – ein für alle Beteiligten unangenehmer Kreislauf.

Natürlich könnte man jetzt fragen, ob vielleicht der Lehrer Schuld hat. Hat er den Stoff nicht gut genug vorbereitet oder nicht altersadäquat aufbereitet? Hat er die Leistungsfähigkeit der Klasse falsch eingestuft oder ihr zuviel abverlangt? Es könnten aber auch die Eltern Schuld tragen. Haben sie genug Kontrolle ausgeübt? Haben sie die Hausaufgaben geprüft? Haben sie ihre Erziehungspflichten in ausreichendem Maß wahrgenommen? Diese Fragen werden gleichsam als Reaktion der Lehrer in den Raum gestellt.

Und dann könnte man auch noch der Kritik der Schüler folgen: Der Lehrer unterrichtet doch nur für sich selbst und nicht für uns. Er ist ein schlechter Vortragender, der versteht ja den Stoff selber nicht. Man merkt, der macht das nur des Geldes wegen. Wir haben nie richtig gelernt, wie wir lernen sollen, und jetzt wird es von uns verlangt!

Jeder einzelne Vorwurf kann für sich durchaus zutreffen. Es hilft aber nicht weiter, auf dem Wahrheitsgehalt der Argumente zu beharren, denn dann eskaliert der Konflikt zwischen Eltern, Lehrern und Schülern ganz gewiß, und die Spirale dreht sich weiter. Lehrer und Eltern müssen begreifen lernen, daß die Jugendlichen sich in einer Ausnahmesituation befinden. In Schulen und Elternhäuser sollte die Einsicht einkehren, daß es zur körperlichen Tolpatschigkeit und Ungelenkheit des Jugendlichen eine intellektuelle Entsprechung gibt, die aber wesentlich schwieriger zu erkennen ist als die körperliche. Es wäre also durchaus sinnvoll, gerade in Unterrichtsfächern, wo Sprachleistung und Abstraktionsvermögen gefordert sind, etwa bei Sprachen, Mathematik oder Musikerziehung, auf diesen Veränderungsprozeß vom logisch-rationalen Denken hin zum abstrakten Denken und damit auf die Verfassung der Jugendlichen stärker einzugehen.

So gilt etwa hinsichtlich der Mathematik, daß abstrakte Denkleistungen erst jenseits des 14. Lebensjahres abverlangt werden sollten, während bereits erarbeitetes und erfahrenes Wissen auf seine Festigkeit und seinen Kenntnisstand hin überprüft werden müßte. Bei Fremdsprachen alter Provenienz wie Latein ist es andererseits unumgänglich notwendig, den Grammatikstand der Muttersprache primär zu überprüfen. Eine Sprache, die vor allem deshalb gelehrt wird, um Logik und Anwendbarkeit von Regeln zu trainieren, kann nur erlernt werden, wenn grammatikalische Gesetzmäßigkeiten zuerst in der Muttersprache bekannt sind. Für moderne Fremdsprachen ist zu fordern, daß die Pubertierenden die moderne Sprache nicht über romantische Klassiker, Jahrhundertwende-Dichter oder gar leichtgefaßte

Schriften des sogenannten fremdsprachigen Humors erlernen, sondern absolut lebensnah in der Form, wie Jugendliche mit- und untereinander sprechen. Der Sprachunterricht hat sich also dem Lebensalter anzupassen und mit dem Jugendlichen in das junge Erwachsenenalter hineinzuwachsen. Einem mäßig reifen Jugendlichen mit 16 Jahren Shakespeares »Lady Macbeth« im Original nahebringen zu wollen, führt ausschließlich dazu, daß er sich nicht sinnvoll mit der Fremdsprache beschäftigt, sondern die Zeit vielmehr darauf verwendet, sich weiterhin mit sich selbst zu befassen und bestenfalls einmal eine deutsche Übersetzung zur Hand zu nehmen, um letztlich bei Prüfungen wieder nur Germanizismen zu reproduzieren.

Die oben beschriebene Leistungseinbuße bedeutet in letzter Konsequenz, daß der Jugendliche Energie verliert und durch seine schulischen Mißerfolge sein an sich schon vorhandenes intellektuelles Minderwertigkeitsgefühl noch verstärkt wird. Die mißlungenen Prüfungen spiegeln somit im herkömmlichen Schulsystem genau das Bild, das der Jugendliche in seinem Minderwertigkeitsgefühl ohnehin von sich entworfen hat. (Beispiel 8, Seite 62) Die permanente Angst, daß Kinder den in sie gesetzten Erwartungen nicht genügen, hindert uns daran, die Tragweite ihres oppositionellen, untüchtigen Verhaltens hinreichend zu erkennen. Wir fürchten, daß sie sich mit ihrer Verweigerung die Zukunft verbauen. Häufig sind Eltern aufgrund eigener Bildungsdefizite der Meinung, sie könnten ihrem Kind nicht ausreichend Hilfe und Stütze sein und das Kind könnte dadurch in der Ausbildung scheitern. Diese Angst führt zu elterlichen Beharrungskräften, die dem Kind jene Chancen im Leben verpatzen, die es aufgrund seiner intellektuellen

Fähigkeiten eigentlich hätte (Beispiel 9, Seite 64). Elterliche Angst, das Kind würde es zu nichts bringen, kann darüber hinaus aber auch zu einer permanenten Überforderung des Kindes führen. Diese wiederum schlägt in Aggression gegen Eltern oder Lehrer um und nicht zuletzt auch gegen sich selbst (Beispiele 10 und 11, Seiten 65 und 66). Dabei handelt es sich nicht um eine »geisteskranke« Reaktion, sondern vielmehr um den Ausdruck absoluter Hilflosigkeit. Der Hilferuf ist nicht mehr nur ein Warnsignal, sondern vielmehr schon eine resignative Haltung, die sogar zum Selbstmord als scheinbar einzigem Ausweg führen kann.

Wir wünschen uns also erfolgreiche Kinder und übersehen dabei, daß das pubertäre Scheitern zum Entwicklungsprozeß gehört, weil nur dadurch Kreativitätspotentiale zum Vorschein kommen, die schließlich ermöglichen, nicht nur zu reifen, sondern später jenen Erfolg zu haben, den wir uns für unsere Kinder wünschen. Gerade weil Eltern nicht genügend Zeit für die intellektuelle, emotionale und soziale Individualität ihrer Kinder zur Verfügung stellen, führt die Pubertät so häufig zum nicht wiedergutzumachenden Bruch zwischen Eltern und Kindern.

Der Autor ist keineswegs ein Gleichmacher, ein Feind intellektueller Leistung oder ein Revolutionär, der die Errungenschaften der bürgerlichen Bildungspolitik zugunsten einer Nivellierung nach unten preisgeben will. Aber er hält es für notwendig zu fordern, daß die Erkenntnisse der Wahrnehmungspsychologie stärker in den Erziehungsprozeß einfließen. Denn die Entwicklung der intellektuellen Fähigkeiten und ihre Handhabung bedürfen ebenso einer Erprobung wie die der körperlich-sexuellen.

Es geht hier aber nicht nur um die Wahrnehmung allein,

sondern um das Erleben und das Umsetzen von Wahrgenommenem und Erlebtem im Dialog. Für Erwachsene scheinen die Gespräche der Jugendlichen nichts weiter als unsinniges Zeug zu sein. Die Erwachsenen verstehen dabei nicht, daß die Jugendlichen den ihnen innewohnenden Dialog proben, das Kommunizieren der gemeinsamen Sprache üben. Sie experimentieren mit der Sprache. War es Jahre zuvor der Chemiebaukasten, der fasziniert hat, weil eine sichtbare Reaktion auf eine beschriebene Handlung erfolgte, so ist es nunmehr die Spannung auf die Reaktion, die die Umwelt auf Erdachtes zeigt. Daß beim Chemiebaukasten besonders stinkende und knallend explosive Experimente am spannendsten waren, wundert offensichtlich weniger als der Versuch, kleine ideologische Explosionen in Gang zu setzen.

Häufig werden Gespräche der Jugendlichen aus Unkenntnis ihrer Lebenslage als Beleidigung interpretiert. Natürlich richtet sich der Sprachgebrauch und die oft derben Gespräche auch gegen die Erwachsenen, sie sind aber gleichzeitig ein Schutzmechanismus gegenüber dem eigenen Lebensraum. Selbst in dieser widerständigen Form des Dialogs ist das Signal an die Erwachsenen verborgen, sie möchten doch das Gespräch aufnehmen. Denn nur wenn der Erwachsene respektiert, daß Jugendliche oft unlogisch und irrational reagieren, wird Erziehung zu einem echten Dialog, von dem beide Seiten profitieren können. Nur wenn Erwachsene die Stärke haben, im Erziehungsprozeß physisch und psychisch präsent zu sein, ist ein Dialog möglich. Eine permanente Abwertung der intellektuellen Leistungen des Jugendlichen durch Sätze wie: *Das verstehst du nicht. Da mußt du zuerst ganz anderes geleistet und erfahren haben. Gegen solche dummen Argumente trete ich nicht an. Lern zuerst etwas, dann kannst du mit mir reden!* führen zu einer berechtigten Ignoranz der Erwachsenenmeinung. Der Jugendliche sucht nach Dialogpartnern, die kritikfähig sind. Findet er sie nicht bei den Lehrern, Eltern oder Verwandten, sucht er sie in jenen Gruppierungen, die von Eltern oft als Bedrohung wahrgenommen werden: in politischen, sektiererischen oder esoterischen Extremistengruppen. Diese sind von ihrer ideologischen Konzeption her vertraut mit der Gesprächskultur sowie der Macht der Verführung und wissen, wie sie einzusetzen ist, um junge Menschen an ihre Interessen und Organisationen zu binden.

Beispiele zum Thema Intellektualität

BEISPIEL 7 Ein 15jähriges Mädchen wird in eine psychologische Praxis zur Beratung gebracht, da es in der Schule sozial auffällig geworden ist. Es eckt bei seinen Lehrkräften an, weil diese glauben, daß die herrschende Unruhe und Rebellion in der Klasse von ihm ausginge. Die Klasse ist leistungsmäßig hochstehend, in bezug auf Disziplin aber eher auffällig. Den Schülern mangelt es an Zeitdisziplin. Es wird offen Widerstand geleistet, indem die Klasse etwa im Kollektiv verlassen wird. Gegen einzelne Schüler wird in der Direktion und bei der Schulinspektion Beschwerde geführt. Mit einem Wort: Die Klasse nervt den Lehrkörper. Ein Rädelsführer wird gesucht und in diesem 15jährigen Mädchen ausgemacht. Es wird zur Beratung geschickt in der Hoffnung, allfällige Störungen diagnostiziert zu bekommen und daraus ableiten zu können, daß das Mädchen den Klassenverband nicht nur stört, sondern aus diesem entfernt werden muß.

Das Mädchen stammt aus sozial sehr einfachen Verhältnissen. Die alleinerziehende Mutter ermahnt das Mädchen immer wieder, es möge sich sozial anpassen, damit die Schullaufbahn nicht gefährdet sei. Sie als Mutter könne sich einen Schulwechsel nicht leisten und müsse sich aufgrund finanzieller Schwierigkeiten und des niederen gesellschaftlichen Status eben anpassen. Die Mutter ist bei Sprechtagen der Eloquenz der Lehrkräfte eindeutig unterlegen, die Lehrkräfte wollen ganz offensichtlich ein Opfer finden, um ein Exempel zu statuieren. Damit würde auch gleich die gesamte Klasse durch die Beispielwirkung diszipliniert.

Bei der Untersuchung stellt sich heraus, daß das Mädchen hochintelligent ist und eine besondere Begabung im logischen Denken besitzt, aber einen unverzeihlichen Fehler begangen hat: Aufgrund seiner hervorragenden, selbsterworbenen Fähigkeiten in der Datenverarbeitung war es ihm möglich, wiederholt Lehrkräfte auf deren mangelnde Kenntnisse im EDV-Bereich aufmerksam zu machen. Es tat dies in ruhiger und bescheidener Weise, so wie sie es von seiner Mutter gelernt hatte, jedoch im vollen Bewußtsein seiner intellektuellen Überlegenheit. Dieser Machtkampf brachte die Lehrer schließlich gegen die Schülerin auf, weil sie damit die Klassenordnung in Frage stellte. Die Unruhe war also eine Folge von Machtverhältnissen, die nicht den üblichen Strukturen entsprachen.

BEISPIEL 8 In der Poliklinik der Universität erscheint ein Vater, von Beruf Rechtsanwalt, mit seinem 14jährigen Sohn. In sechs Schulfächern sind dessen Noten negativ. Ein Aufsteigen in die nächste Klasse ist völlig unmöglich. Der Vater begehrt eine Untersuchung, da er vermutet, sein Sohn wäre intellektuell schwer erkrankt, leide entweder an einer hirnorganischen Erkrankung oder habe eine schleichende, noch nicht klar erkennbare Geisteskrankheit. Innerhalb nur eines Jahres sei aus dem vormals guten ein miserabler Schüler geworden. Er könne sich nicht mehr konzentrieren, kaum ruhig sitzen, einfachste Lernvorgänge seien ihm unmöglich. Statt dessen träume der Junge stundenlang vor sich hin. Die Folgen seien fatal: Die Lehrer vernachlässigen diesen Schüler, und er sackt weiter ab.

Bei der Untersuchung läßt der Junge scheinbar gleichgültig alles mit sich geschehen, ist muffig und abwehrend, zeigt aber für den untersuchenden Arzt keinerlei Anzeichen einer Nerven-, Geistes- oder Gemütskrankheit. Es finden sich keine Symptome psychiatrischer oder neurologischer Erkrankungen, so daß in einer differenzierten psychologischen Untersuchung nach vermeintlichen Teilleistungsstörungen, nach Konzentrations-, Ausdauer- und Mengenleistungsstörungen gesucht wird. Das Ergebnis entspricht aber einfach dem eines leistungsabgesunkenen Pubertierenden. Der Junge hat zum gegenwärtigen Zeitpunkt weder Lust noch Laune, vor allem keinerlei Energie, die von ihm geforderte Arbeitshaltung und Lernleistung zu vollbringen. Der genervte Vater kann dieses Ergebnis kaum verkraften und empfindet die herabgesetzte Lernleistung als Affront gegen sich selbst.

Zwei Jahre später ist der nunmehr Sechzehnjährige wieder ein guter Durchschnittsschüler. Er hat eine Schulklasse wiederholt, ist dadurch gereift und hat nun konkrete Vorstellungen für seine Zukunft. Er entspricht zwar in seiner

Lebenseinstellung nicht den sehr konservativen Wünschen seines Vaters, hat aber für sich eine individuelle Struktur des Denkens, Fühlens, Wollens und Handelns erreicht.

BEISPIEL 9 Im Rahmen einer Gruppentherapie mit pubertierenden Mädchen fällt eines der Mädchen (15 Jahre alt) besonders auf. Die Gruppe wird eingerichtet, um die Selbstbehauptung der Mädchen zu stärken und Minderwertigkeitsgefühle und Schüchternheit abzubauen. Die Themen, die in dieser auf Kommunikation orientierten Gruppenform gewählt werden, finden bei dem Mädchen zwar großes Echo, die Beteiligung an den Gruppendiskussionen fällt hingegen spärlich aus. Der Sprachgebrauch des auffälligen Mädchens wirkt antiquiert. Die wiederholte Ermutigung, sich doch mehr in die Gruppe einzubringen, da der Erfolg der Gruppenarbeit unter anderem dadurch definiert sei, findet keinen Widerhall. Die Gruppe darauf einzustimmen, das Thema des schüchternen Mädchens aufzunehmen, wird von der Gruppe wiederum nicht angenommen. Mehr und mehr macht sich Unmut breit. Es wird vermutet, es handle sich vielleicht um ein intellektuell überfordertes Mädchen. Dem Gruppenleiter wird also die Schuld zugewiesen, einen wertvollen Gruppenplatz an ein inadäquates Mitglied vergeben zu haben.

Das Mädchen gerät zusehends in die Außenseiterposition, und eine Gruppenintegration wird immer schwieriger. Ein Gespräch des Gruppentrainers mit dem Mädchen zeigt, daß sich das Mädchen nahezu überfordert fühlt, da es sich von der Erziehung her als wesentlich jünger empfindet, als es die gleichaltrigen Gruppenteilnehmer sind. Seine bisherige Erziehung war auf das alte Prinzip von Kinder, Kirche und Küche abgestimmt. So berichtet das Mädchen in einer der nächsten Gruppensitzungen, es wäre für die Eltern und die drei jüngeren Geschwister gleichsam als Dienstbote abgestellt. Es müsse im Haushalt helfen, die jüngeren Geschwister beaufsichtigen und miterziehen. Dazu werde ihm immer wieder versichert, dies würde für seine Zukunft von enormem Nutzen sein. Das Gymnasium wurde mit der 4. Klasse als abgeschlossen erklärt, eine Hauswirtschaftsschule ausgesucht, die schließlich alle Möglichkeiten böte weiterzulernen. Das Mädchen hat aber bereits jede Hoffnung in dieser Richtung begraben. Es zieht sich in eine Traumwelt zurück, die von der Literatur, die es liest, noch unterstützt wird. Versuche der Lehrer, die Eltern auf die intellektuellen Fähigkeiten des Mädchens aufmerksam zu machen und ihm die Reifeprüfung zu ermöglichen, werden als Einmischung in innerfamiliäre Angelegenheiten abgewehrt.

Nach diesem Gespräch mit dem Gruppentherapeuten verbleibt das Mädchen in der Gruppe und erreicht nach etwas mehr als einem Jahr Training jenes Stadium an Eigenständigkeit, um – mit Unterstützung des Therapeuten – mit ihren Eltern in einen Dialog über seine Zukunft zu treten. Das Mädchen wechselt in eine Hotelfachschule, in der es erworbene und erlernte Fähigkeiten aus dem Elternhaus einbringen kann und erreicht mühelos seinen Berufsabschluß.

BEISPIEL 10

Ein suizidgefährdeter Sechzehnjähriger wird mit Erfrierungen in die Klinik eingeliefert. Um sich diese zuzufügen, hat er heimlich das Elternhaus verlassen und bei etlichen Minusgraden in einem Zelt übernachtet. Dort wird er von Passanten entdeckt und zur Versorgung seiner bereits zum Teil abgefrorenen Extremitäten in ein Krankenhaus gebracht. Nach der Notversorgung wird er in eine jugendpsychiatrische Einrichtung überwiesen. Der intellektuell extrem erfolgreiche Schüler ist im Elternhaus einem permanenten Drill ausgesetzt. Diese Forderungen nach Höchstleistungen bringen ihn an die Grenze einer seinem Alter angemessenen Lebensführung. Der Jugendliche rächt sich in Form von Autoaggression, da er keine Chance sieht, der Allmacht der Eltern zu entfliehen. Jede bereits erbrachte Höchstleistung wird durch Ansporn zu weiteren Höhenflügen genutzt. Der Sohn wird zum intellektuellen Spielball elterlichen Ehrgeizes und von selbst nicht Erreichtem.

BEISPIEL 11 Ein achtjähriges Mädchen wird mit einem Zahnputzzwang in die Klinik gebracht. Täglich vor dem morgendlichen Schulweg verbringt das Mädchen seine Zeit mit exzessivem Zähneputzen. Das Kind sollte zwar das Elternhaus gemeinsam mit den Eltern verlassen, da diese pünktlich zur Arbeit erscheinen müssen, dies gelingt indes immer seltener. Von Tag zu Tag kommt es zu immer heftigeren Auseinandersetzungen. Am Ende wissen sich die Eltern nicht anders zu helfen, als mit ihrer Tochter eine Klinik aufzusuchen.

Bei der Untersuchung zeigt sich, daß das Mädchen den Zahnschmelz der Vorderzähne bereits bis auf das Zahnbein weggebürstet hat. Nach dem Ziehen der Vorderzähne wird bei näherer Analyse der psychischen Struktur des Kindes sichtbar, daß das Mädchen intellektuell hoffnungslos überfordert ist. Bereits seit der 1.Volksschulklasse, also insgesamt zwei Jahre lang, wird mit dem Mädchen jeden Nachmittag zwischen fünf und sieben Stunden geübt, gelernt und trainiert. Das intellektuell sehr schwach begabte Mädchen, Tochter von höheren Angestellten, soll die Schullaufbahn unbedingt schaffen. Da dies aufgrund der mangelnden Befähigung wohl nicht möglich wäre, wird mit Gewalt versucht, diese Schande zu vermeiden. Infolge der mangelnden sprachlichen Ausdrucksmöglichkeiten und unterentwickelter Abwehrmechanismen weicht das Mädchen auf den Zahnputzzwang aus. Dieser eignet sich deshalb so hervorragend, weil es so einerseits beweist, folgsam zu sein, da es ja gewissenhaft die Zähne putzt. Andererseits liegt das Ziel der Aktion aber darin, den morgendlichen Schulgang zu verhindern oder zumindest zu verzögern, damit die Umwelt merkt, wie schlecht es dem Mädchen in ihrer Leistungsüberforderung geht. Dieses als Faxen oder Boshaftigkeit ausgelegte Verhalten kann erst im Rahmen der medizinischen Behandlung übersetzt werden. Das Mädchen wird in einer seinen intellektuellen Fähigkeiten entsprechenden Schule untergebracht, und das Symptom verschwindet.

Emotionalität

Die emotionalen Veränderungen, die ein pubertierender Jugendlicher durchmacht, gleichen seinen körperlichen. In der emotionalen Befindlichkeit ist wie in der körperlichen ein Gestaltzerfall zu beobachten, der sich dann in kleinen Schritten wieder zu einem harmonischen Ganzen fügt und nach dem Wandlungsprozeß etwas grundsätzlich anderes darstellt als zuvor.

Erstes Anzeichen der emotionalen Veränderungen ist ein erhöhtes Maß an Gereiztheit, das nicht nur den Eltern, sondern auch dem Kind selbst unverständlich ist. Am Morgen wacht es verärgert auf, ist wenige Stunden später absolut heiter, um danach wieder in eine kritisch-aggressive Stimmung zu verfallen. Gegen Abend ist das Kind auf der Suche nach Harmonie und verhält sich emotional liebevoll. Das aus diesen Gefühlsschwankungen entstehende Unverständnis für das eigene Selbst erreicht dann einen Höhepunkt, wenn ohne äußeren Anlaß Gemütsschwankungen zutage treten, die der Umwelt unerklärlich und dem Betroffenen unangenehm sind. Es gleicht einem emotionalen Notstand, wenn Gefühle letztlich nicht kontrolliert werden können, weil man sich unverstanden und nicht ernst genommen fühlt – vor allem wenn Durchhalteparolen wie: *Nimm dich doch zusammen!* auf den Jugendlichen einprasseln.

Gerade Erwachsene sollten es jedoch besser wissen, da sie in bestimmten Stimmungslagen selbst außerstande sind, sich im Griff zu haben. Man denke nur an die vielfältigen Möglichkeiten von Stimmungsschwankungen, die sich im Alltag von Menschen ergeben können: während des Menstruationszyklus der Frau; an unkontrollierte Stimmungen bei Menschen, die im Tag- und Nachtwechseldienst tätig sind oder an Stimmungsschwankungen während lebensaltertypischen Krisenzeiten. Erwachsene nehmen gegenüber Jugendlichen in solchen Zeiten das selbstverständliche Recht in Anspruch, irrational, überschäumend und oft einer Situation völlig unangepaßt zu reagieren. Während Erwachsene keine Begründungen für diese Reaktionen abgeben, verlangen sie gleichzeitig von den Jugendlichen eine Erklärung für ihre Stimmungsschwankungen, mehr noch, sie verlangen eine Selbstdisziplin, die sie oft selbst nicht aufbringen.

Wir wollen uns hier vor allem mit zwei emotionalen Bereichen des Jugendlichenalters und ihren Gegensatzpaaren auseinandersetzen, die für die Stimmungsschwankungen unserer Kinder ausschlaggebend sind. Auf der einen Seite stehen Angst und Aggression und auf der anderen Seite Euphorie und Depression beziehungsweise Gereiztheit.

Angst ist eine Erfahrungsdimension, die in alterstypischer, unspezifischer oder pathologischer Form auftreten kann. Als alterstypische Ängste bezeichnet man:
- die 8-Monats-Angst des fremdelnden Säuglings;
- die Trennungsangst des 18 Monate alten Kindes, das um den Objektverlust der Mutter bangt;
- die Dunkelangst des zweijährigen Kindes;
- die Tier- und Gespensterangst des dreijährigen Kindes in der Phase des magisch-animistischen Denkens;
- die soziale Anpassungsangst des Kindergartenkindes;
- die Leistungsangst des Schulkindes;

- die Reifungsangst und Existenzangst des Pubertierenden
- und schließlich die Todesangst, die aus der Erkenntis der eigenen Endlichkeit folgt.

Die Reifungsangst beruht auf einer rationalen Grundlage: Der Mensch fürchtet sich einerseits davor, einen Prozeß regelgetreu zu durchlaufen, und andererseits, Abweichungen von einer vorgegebenen oder fiktiv vorausgesetzten Norm erleben zu müssen.
Die Reifungsangst bezieht sich auf
- die körperlichen Umwandlungsprozesse;
- die intellektuelle Leistungsfähigkeit;
- die emotionale Bindungs- und Liebesfähigkeit
- und die soziale Anpassungsfähigkeit, von der abhängt, ob wir akzeptiert und anerkannt werden.

Diese Ängste sind von außen mitbedingt und damit intellektuell durchaus nachvollziehbar. Jeder Jugendliche und somit auch jeder Erwachsene hat sie irgendwann in seinem Leben einmal durchgemacht. Diesen rational begreifbaren Ängsten stehen aber irrationale Ängste gegenüber, sich etwa mit der eigenen Fremdheit konfrontieren zu müssen. Dieses Sich-selbst-fremd-Sein ergibt sich aus der veränderten sozialen Position, die der Jugendliche einnimmt, die neu und mit unbekannten Rollenbildern verknüpft ist. Der Jugendliche muß ein neues Selbstbild entwickeln, das eingebettet im Denken, Wollen und Handeln und gleichzeitig kontrollierbar ist. Die damit verbundenen ausufernden und überflutenden Eindrücke und die von den Erwachsenen an die Jugendlichen gestellten Forderungen erzeugen Angst, die nur bewältigbar ist, wenn man in einen Dialog mit Gleichgesinnten treten kann. Als Dialogpartner eignen sich am besten Gleichaltrige, die ihrerseits mit ähnlichen oder gleichen Problemen zu kämpfen haben. Das Vorhandensein solcher Partner beweist, daß man nicht alleine mit diesen Ängsten dasteht.

Angst ist ein letztlich unbeherrschbares Gefühl, das sich in alle Lebensbereiche einschleicht. Zur Bewältigung oder Überwindung der Angstzustände muß der Jugendliche ungeheuer viel Energie aus anderen Bereichen abziehen. Gerade der Jugendliche, der in seiner körperlichen, intellektuellen und sozialen Entwicklung permanenten Veränderungen unterworfen ist, kann nur schwer auf Routineschablonen der Angstbewältigung zurückgreifen. Er hat noch keinen routinierten Alltag entwickelt, mit dem er den plötzlich aufkeimenden Angstschüben entgegenwirken könnte. Diese Situation wird durch die Reaktionen der Erwachsenen noch verschärft, die mit Sätzen wie: *Man kann nicht allen Stimmungen nachgeben* größtes Unverständnis für die Lebenssituation von Jugendlichen zeigen. Die letztlich abwehrende Haltung der Eltern kann die Jugendlichen in ihren Existenzängsten rasch in die Hände von Gruppierungen treiben, wo sie sich aufgenommen und angenommen fühlen. Von ängstlichen Suchenden ist der Weg zu Mitläufern nicht mehr weit.

So kompliziert die Reifungsängste zu bewältigen sind, so vielfältig sind sie gleichzeitig. Sie umfassen Ängste bezüglich des geforderten Aussehens und Verhaltens, der Leistungsfähigkeit, sowie der Liebesfähigkeit (ob man liebesfähig ist und ob diese Fähigkeit auch erwidert wird). Die Angst im sozialen Bereich umfaßt Fragen der Zugehörigkeit zu einer *Peer-group*, ob man von einer vorhandenen Gruppe akzeptiert wird, und wenn ja, ob man dem sozialen Standard der gleichaltrigen Gruppe entspricht. Besonders viele Ängste treten im Zusammenhang mit der Sexualität auf. Gerade die Sexualität läßt den Menschen in ein Neuland vorstoßen, das ihm einen bisher völlig fremden Bereich eröffnet (Beispiel 12, Seite 75). Selbst die beste Sexualerziehung kann nur anatomisch-physiologische Fragen oder Fragen sittlich-ethischer Moralanschauungen beantworten. In jenen Momenten, wo es um die Fragen von Erotik und Genitalität, also um die Praxis geht, versagt jedwede Aufklärungsform, da die damit verbundenen Gefühle nicht vermittelt werden können. Hier ist entscheidend, ob die Jugendlichen über die notwendigen Hilfsmittel und Mechanismen verfügen, um in dieser Situation zu bestehen.

Neben den Reifungsängsten sind es vor allem Existenzängste, die in der Pubertät durch den jeweiligen Zeitgeist unterschiedlich geschürt werden können – zum Beispiel die gegenwärtig berechtigte Angst, keinen Arbeitsplatz zu finden. Ohne Arbeit wird der Jugendliche nicht sicher sein, ob er seinen Mann oder seine Frau stehen kann, weil dazu sichere ökonomische Strukturen notwendig sind. Ohne Arbeit kein Einkommen. Ohne Einkommen keine gesellschaftliche Position.

Der Jugendliche hat also Angst davor, nicht an der Konsumgesellschaft teilhaben, den von den Eltern vorgegebenen Weg nicht erfüllen und bereits Gewohntes nicht aufrechterhalten zu können. Hieß es früher über viele Jahre: *Unseren Kindern soll es einmal besser gehen*, so begleitet den Heranwachsenden nunmehr der elterliche Wunsch: *Möge es unseren Kindern genauso gutgehen wie uns selbst.* Häufig beschleicht die Eltern jedoch mehr und mehr das Gefühl, daß ihre Kinder den von ihnen entwickelten Standard nicht werden halten können.

Verbunden mit der Existenzangst treten mangelndes Selbstvertrauen, herabgesetzte Antriebskraft, Bilanzdepression mit der Neigung zu Selbstmordgedanken und ein immer wiederkehrender Fatalismus auf, der einen Nährboden für die Radikalisierung der Jugendlichen darstellt. Dabei können die oftmals zitierten Gemütsschwankungen, die unkontrolliert von Euphorie in Depression umschlagen, den Anschein einer Erkrankung erwecken. Wenn diese Stimmungsschwankungen aber erlebnis- oder ereignisgesteuert sind, so sollten sie, auch in ihrer extremen Ausformung, akzeptiert werden. Dem Erwachsenen fällt es jedoch schwer, die vom Jugendlichen als existenzbedrohend erlebten Ereignisse richtig einzuschätzen. Liebeskummer wird vom Erwachsenen zumeist bagatellisiert und die damit einhergehende Trauer nicht entsprechend gewürdigt. Überschäumende Lebensfreude in Form ausgelassenen und fanatischen Verhaltens wird als Hysterie abgetan. Extreme werden ja in einer Mittelwert- und Anpassungsgesellschaft generell als störend empfunden. Dies führt dazu, daß die Jugendlichen pauschal als zu laut, zu extrem, zu modernistisch und zu exaltiert eingestuft und mit Sätzen wie *Zu unserer Zeit hätte es das nicht gegeben* ausgegrenzt werden.

Wie bereits beim Kapitel über Körpererfahrung und intellektuelle Entwicklung gezeigt, muß der Jugendliche auch in seiner emotionalen Entwicklung extreme Positionen testen, Höhen und Tiefen ausloten, um durch die Grenzerfahrung seinen individuellen Mittelweg finden zu können. Gerade in unserer von Medien geprägten Zeit kann man unzählige Beispiele für solch extreme Gefühlsäußerungen finden, wenn etwa Jugendliche bei einem Popkonzert in Ohnmacht fallen, sich Poster im Zimmer aufhängen und die Musiker anschwärmen oder nach dem Unfalltod eines ihrer Idole wochenlang in tiefe Trauer versinken. Aber das alles ist kein ausschließliches Privileg der Jugend. Kann sich ein erwachsener Kulturkonsument seiner Tränen bei der Oper Madame Butterfly erwehren, gelingt es uns, bei Slapstick-Situationen des Lebens das Schmunzeln zu verbergen, sind wir tatsächlich als Erwachsene imstande, die Schadenfreude zu verstecken, wenn ein Hochmütiger zu Fall kommt? Wir Erwachsenen haben gelernt, kontrollierter zu reagieren, und fordern das gleiche von unseren Kindern. Damit können wir sie leicht überfordern.

Zu diesen stimmungsabhängigen Gefühlen zählt auch die Gereiztheit (die Dysphorie), die dem Jugendlichen und seiner Umwelt sehr zu schaffen macht. Von Erwachsenen oft als banal eingestufte Auslöser führen zu Wutausbrüchen, geraten zu unangemessenen, inadäquaten Schreianfällen, rasenden Zornausbrüchen, verbunden mit dem Herumwerfen oder Zerstören von wertgeschätzten Gegenständen (Beispiel 13, Seite 76). Oft kann der Jugendliche sich gegen eine von Aggression bestimmte Welt nur mit einer Kaskade von Aggressions- und Gewalttaten zur Wehr setzen, die durchaus in Vandalismus ausarten können. Klingen solche überwältigenden Gefühle ab, kommt es von seiten des Jugendlichen meist zu massiven Schuldgefühlen. Diese sind von seinem Erleben her durchaus berechtigt. Schließlich hat er die Kontrolle verloren. Daß dieses Verhalten dem Auslöser wie dem Inhalt gegenüber unangepaßt und die Reaktion absolut unangemessen war, verstärkt die Schuldgefühle noch zusätzlich. Die Dysphorie wird gern mit einer grundsätzlichen Unbeherrschtheit des Jugendlichen erklärt. In einer alles kontrollierenden Welt ist auch Selbstkontrolle zu einer geforderten Tugend geworden. Der daraus entstehenden Forderung nach Selbstdisziplin kann der Jugendliche jedoch unmöglich entsprechen, was zu weiteren Konflikten und weiteren Gefühlsausbrüchen führt.

Beispiele zum Thema Emotionalität

BEISPIEL 12

Ein 13jähriger Knabe weigert sich, weiterhin in die Schule zu gehen. Er wird dem Psychiater als Schüler mit Schulphobie (nicht beherrschbare Angst, die Schule zu besuchen) vorgestellt. Die Untersuchung zeigt keine auffälligen Verhaltensweisen. In einem Gespräch mit dem Psychiater unter vier Augen erzählt der Jugendliche folgende Geschichte:

In seiner Schule wurde das koedukative Turnen (Mädchen und Knaben turnen gemeinsam) eingeführt. Eines Tages war Stangenklettern angesagt. Als der betroffene Jugendliche in seiner Riege an der Reihe war, verspürte er beim Hinaufklettern an der Turnstange plötzlich eine Erektion und einen unmittelbar darauf erfolgenden unfreiwilligen Samenerguß. An der obersten Quersprosse angekommen, versuchte der Jugendliche so rasch wie möglich die Stange herunterzuklettern. Kaum hatte er den Boden berührt, lief er, von extremer Panik gepackt, aus dem Turnsaal. Er zog sich an, verließ die Schule und eilte nach Hause. Dort erklärte er seinen Eltern, daß er die Schule nicht mehr besuchen werde, da er sich vor ihr ängstige. Die auslösende Ursache sparte er aus der Erzählung jedoch aus. Erst vor einem Fremden und Arzt konnte er die dem Lebensalter typische Angst und Scham überwinden und von seiner sexuellen Erfahrung sprechen. Dabei kam folgende Überlegung des jungen Mannes zum Vorschein:

Alle Mädchen seiner Klasse hätten sowohl die Erektion als auch den Samenerguß beobachtet und bemerkt. Die damit verbundene Phantasie, die Klassenkameraden würden ihn verspotten und die Mädchen auslachen, wurde so bestimmend, daß die Angst nicht mehr bewältigbar erschien und er sich der Klasse nicht mehr unter die Augen traute. Später erfuhr er von einem Freund, daß weder er selber noch jemand anderer von dem Vorfall etwas bemerkt habe.

BEISPIEL 13 Ein 15jähriger Jugendlicher wird bei einem Vandalenakt beobachtet. Er verwüstet eine Telefonzelle und reißt den Telefonhörer von der Schnur. Der Jugendliche wird kurzzeitig festgenommen. Die Polizei forscht daraufhin nach, ob er sich noch anderer Vandalenakte, die es in der Wohnregion des Jugendlichen gegeben hatte, schuldig gemacht habe. Der 15jährige Jugendliche ist aber ein Einzeltäter.

Erst auf die intensive Befragung durch den Jugendpsychiater erzählt der Jugendliche, er stehe unter hohem Druck. Er habe in seinem Inneren viel aggressive Spannung und könne diese nicht loswerden. Dies liege daran, daß alle in seiner Umgebung befindlichen Menschen stärker seien als er selbst. Gegen Vater und Mutter käme er nicht an, diese seien ihm intellektuell und rhetorisch total überlegen. Auch der um ein Jahr jüngere Bruder sei körperlich stärker und provoziere ihn ständig, was die Wut des Jugendlichen noch verstärkt. Wegen seiner Hilflosigkeit empfinde er Aggression gegen alles Lebende. Den Hund der Familie habe er auch schon gequält, doch der habe sich zur Wehr gesetzt und ihn gebissen.

Die Lehrer, die er als Ersatzobjekt für die Eltern zu ärgern gedachte, hätten sich ebenfalls heftig zur Wehr gesetzt und ihn mit Strafen eingedeckt. Die schlechten Noten, die sie ihm verpaßten, hätten ihn zu Hause noch mehr unter Druck gebracht. Selbst Aggressionsattacken gegen Blumen und Sträucher hätten damit geendet, daß er sich die Hände in den Dornen verletzt habe. So sei er eben auf die Idee verfallen, einmal den Hörer einer Telefonzelle zu zerstören.

Sozialisation

Der vierte Bereich der Ganzheitsbetrachtung eines Jugendlichen ist seine Sozialisation im Prozeß der Ablösung vom Elternhaus, in der Entwicklung zum sozialen oder zum dissozialen Menschen. Von zentraler Bedeutung ist dabei der Suchprozeß nach Identifikation im Sinne der eingangs genannten Suche nach Leit- und Vorbildern, Idealen und Ideologien. Prägend für das jugendliche Lebensalter ist die Stellung zur Gemeinschaft. Zu unterscheiden ist die Familie (als Primärgruppe), die *Peer-group* der Gleichaltrigen und die Einstellung zum sozialen Gemeinwesen (zur Gesellschaft im ganzen), in dem man aufwächst.

Die Sozialisation des Pubertätsalters innerhalb der Familie umfaßt sowohl die bereits beschriebene Konfliktkultur als auch die permanente Auseinandersetzung mit der eigenen Macht und Stärke gegenüber der Erwachsenenwelt. Der Jugendliche nimmt Maß an den Erwachsenen, um die eigene Stärke einzuschätzen. Seine Stärke wird nicht primär am Denken und Fühlen, sondern vielmehr am Wollen und Handeln gemessen. Die Forderungen des Jugendlichen: *Ich will den Status des Erwachsenen haben* und *Ich handle, wie ich meine, daß ein Erwachsener in meiner Situation handeln würde* führen zum permanenten Konflikt mit den scheinbar rechthaberischen Eltern, die erklären: *Wir haben ja gewußt, wie dies oder das endet, hättest du uns nur gefolgt.* Gerade der Begriff des Folgens hat aber zwei Bedeutungen: den Überlegungen von jemandem zu folgen oder aber gehorsam zu sein. Gerade die Verpflichtung zur Folgsamkeit ist es, was den Jugendlichen gegen die Eltern aufbringt, wo er doch gerade versucht, eigenständig zu leben.

Aus der risikobereiten Haltung des Jugendlichen ergeben sich zusätzliche Konflikte. Bei seiner Lebenshaltung *doing for learning* bleiben Mißerfolge nicht aus, die die Eltern dem Jugendlichen gerne ersparen würden. Und wiederum kommt es zum Konflikt. Auch das Verhältnis zu den Geschwistern ist von schweren Spannungen belastet. Innerhalb der Familie tobt zu diesem Zeitpunkt ein heftiger Konkurrenzkampf. Ältere Geschwister werden wegen ihrer Erfolge beneidet und abgewertet. Gleichzeitig wird aber genau dieser soziale Status von den jüngeren Geschwistern für sie selbst eingefordert. Jüngere Geschwister werden belehrt und von ihren älteren Geschwistern stellvertretend für die Eltern erzogen. (So trainieren Jugendliche ihre Erziehungskompetenz.) Streit ist allemal angesagt und letztlich das Trainingsfeld für künftige Konflikte, die außerhalb der Familie auf den Jugendlichen warten. Die Forderung der Eltern: *Hört endlich auf, euch permanent zu streiten* ist vergebliche Liebesmühe.

Die Sozialisation in der *Peer-group* ist von hoher Ambivalenz geprägt. Einerseits lernt der Jugendliche durch das Imitieren bestimmter Verhaltensweisen seinen Platz in der Gruppe kennen, gleichzeitig muß er dieses Imitationsverhalten aber verwerfen, um sich selbst zu behaupten. Uniformierung im Denken, Sprachverhalten, Wollen und Handeln entsprechen einer Gleichschaltung nach Modetrends, die Sicherheit und Garantie sind, dazu- und zusammenzugehören. Die Abgrenzung zur Erwachsenenwelt ist dabei ebenso wichtig wie die Gleichschaltung mit der Wertewelt der herrschenden Jugendkultur. Diese Vereinheitlichung erfaßt selbst Bereiche, die, spricht man mit einem Jugendlichen alleine, als ziemlich unsinnig bezeichnet werden. Warum dieses unsinnige Verhalten dennoch mitgemacht wird, liegt in der Vorstellung *Gemeinsam sind wir Schwachen mächtig, vor allem wenn es gegen die Erwachsenen geht.*

Gegenüber der sozialen Gemeinschaft, in der man lebt (Schule, Jugendgruppen und politische Formationen), verhält sich der Jugendliche teils erstaunlich reif und zeigt politische Voraus- und Einsicht. Er ist weniger von Geschäftsordnungspraktiken und Frustrationen infiziert, sondern verleiht seinen Forderungen logisch stringent, vehement und lautstark Nachdruck. (Aus dieser Sicht wäre das immer wieder geforderte Jugendwahlrecht im kommunalen Bereich durchaus eine zu erfüllende Forderung, letztlich um den politisch denkenden Menschen ein Trainingsfeld zu geben im Sinne eines später zu entwickelnden Verantwortungsbewußtseins.) Natürlich stellt jede kommunale Gruppierung auch das Sinnbild einer zur Übermacht gewordenen Autorität dar, die es zu bekämpfen gilt. Dazu wählt der Jugendliche häufig nicht nur die offene Rebellion oder die aggressive Schärfe des Wortes, sondern führt häufig die feine Klinge der Ironie, des Sarkasmus und des Zynismus, um mittels dieser Waffen die Schwäche der Erwachsenenwelt und ihrer Systeme aufzuzeigen.

Die Sozialisation des Jugendlichen hat auch zum Ziel, seine moralische Urteilsfähigkeit zu schärfen. Der Jugendliche steht an einem Scheideweg und muß erkennen, daß die eigene moralische Urteilsfähigkeit sich an selbsterworbenen Gewissensinstanzen mißt. Der Jugendliche muß also in Zukunft immer wieder eine Überprüfung seines Verhaltens vornehmen, Nützliches von Unnützem, moralisch Akzeptables von Verwerflichem, Richtiges von Falschem trennen. Auch hier bedarf es eines Lern- und Trainingsprozesses, um Erfahrung zu sammeln, vorgegebene Normen und Werte in Frage zu stellen und in neuen Zusammenstellungen zu erproben. Die moralische Urteilsfähigkeit steht permanent auf dem Prüfstand, sei es in der Einstellung zum sozialen Gemeinschaftsgefühl (Alfred Adler, Gründer der tiefenpsychologischen Schule der Individualpsychologie), sei es in den Fragen der Ehrlichkeit oder der persönlichen Zivilcourage. Der Jugendliche muß lernen, zu seiner Meinung zu stehen und diese auch konsequent nach außen zu vertreten.

Erschwert wird dieser Prozeß allerdings durch das gleichzeitig stattfindende Ereignis der Ablösung vom Elternhaus. Der Suchprozeß nach neuen Idealen und Ideologien, konfessionellen Bindungen und ideellen Zugehörigkeiten setzt voraus, daß alle althergebrachten moralischen Instanzen in Frage gestellt werden. Dadurch entsteht häufig ein Vakuum, das es erst aus dem eigenen persönlichen Erfahrungsschatz zu füllen gilt. Plötzlich befindet sich der Jugendliche im Niemandsland. Es gibt keine Rückgriffsmöglichkeit auf gefestigte Entscheidungsstrukturen, da die Eltern nicht mehr länger als moralische Instanz akzeptiert werden. Damit kommt es immer häufiger zu Tabuverletzungen. Festgefügte soziale Spielregeln werden abgelehnt, und eigenes »Querdenken« übernimmt die Vorherrschaft (Beispiel 14, Seite 84).

Eltern stehen den Jugendlichen in dieser Phase oft hilflos gegenüber. Sie können ihnen kaum Halt geben und extremes Verhalten nicht verhindern, jedoch im Sinne der Prävention möglichst viele Varianten von Unwahrscheinlichkeiten für möglich annehmen, um diese mit ihren Kindern immer und immer wieder zu besprechen. Davon sollten sie auch nicht abrücken, wenn ihnen ihre Kinder bedeuten, daß ihnen diese ewigen Erklärungen auf die Nerven gingen und sie ohnehin wüßten, was für sie richtig wäre und was sie zu tun hätten.

Sozialisation ist unter anderem auch der Erwerb des sinn- und planvollen Vorausdenkens, um aus den daraus entstehenden Erkenntnissen für die Person oder Situation angemessene Handlungen zu setzen. Neue Denkweisen in Gebrauch zu nehmen ermöglicht dem Jugendlichen, kurz-, mittel- und langfristig vorauszuplanen, sich verschiedene Lösungsvarianten zu erstellen und diese gegeneinander abzuwägen. Der Zweck dieser Übung ist, die vernünftigste, bestmögliche, einfachste, raschest zu erfüllende oder bequemste Variante auswählen zu können. Je mehr Varianten vorhergedacht werden, um so differenzierter ist das Denken eines jungen Menschen entwickelt, um so höher seine Entscheidungskompetenz einzuschätzen. Ein im Planen geübter und mit Weitsicht ausgestatteter junger Mensch wird weniger Gefahr laufen, von anderen Menschen übers Ohr gehauen zu werden. Um aber Kompetenz im Vorausdenken zu lernen, müssen auch die Konsequenzen einer zu setzenden Handlung mitgedacht werden.

Dies ist nun eine Frage der Erfahrung, vor allem aber der Wahrnehmung von Selbsterfahrung, da fremde Ratschläge in diesem Lebensalter grundsätzlich in Frage gestellt werden. Die von den Erwachsenen vorhergesagten Konsequenzen werden ungern akzeptiert, was neuerlich zu Konflikten führt. Jedem wohlmeinenden Ratschlag, der mit dem Satz beginnt: *Paß auf, damit dir dieses oder jenes nicht passiert,* wird mit übertriebener Vorsicht, mangelndem Vertrauen in die jugendliche Entscheidungskompetenz, mit Gequatsche von Eltern, die die Situation nicht kennen, abgetan. Selbst nach Eintreten der elterlichen Prophezeiungen werden skurrile Erklärungsmodelle entworfen, um den eigenen Mißerfolg rechtfertigen zu können. Die Konsequenz ist, daß die Eltern auf ihrem Standpunkt, der sich ja als richtig erwiesen hat, beharren und diesen Erfolg bei jeder sich bietenden Gelegenheit dem Jugendlichen unter die Nase reiben. Je mehr sie dies tun, desto mehr werden sie Widerstände des Jugendlichen provozieren, die dann in Verhaltensweisen nach dem Motto *Jetzt aber erst recht!* gipfeln.

Eltern ist in ihren Ängsten nicht zu verdenken, wenn sie dazu neigen, wie der König im Märchen »Dornröschen« zu reagieren, in dem der Vater versucht, seine Tochter vor der vorausgesagten Gefahr einer Verletzung durch die Spindel zu bewahren. Es ergeht ihm dabei wie allen Erziehungsberechtigten: Nicht alle Gefahren lassen sich aus dem Leben verbannen. Wichtiger ist es, Gefahren rechtzeitig zu erkennen und zu lernen, mit ihnen umzugehen. Dann erfüllt sich nicht jenes drohende Sprichwort, daß jener, der sich in Gefahr begibt, in dieser auch umkommt.

Sozialisation umfaßt also eine ethisch-sittliche Ordnung in einem Kulturkreis, die sich in einem Gemeinschaftsgefühl gründet. In der jugendlichen Lebensphase muß diese Ordnung in Frage gestellt und neu formuliert werden, auch wenn die Inhalte nach der Sturm- und Drangperiode jenen der Elterngeneration ähneln. Natürlich gibt es immer wieder den Versuch der Eltern, diesen Prozeß abzukürzen und gleichsam in der oben beschriebenen sozialen Anpassungsphase präventiv alle Ergebnisse und Entscheidungen vorwegzunehmen. Dies kann zwar den Jugendlichen in manchen Situationen vor Gefahren schützen, führt aber auch zu sehr angepaßtem sozialen Verhalten. Das Ausleben der vollen Variationsbreite sozialer Möglichkeiten wird damit vom Jugendlichen übersprungen. Dies rächt sich in späteren Lebensperioden, weil ein wichtiges Stück Selbsterfahrung fehlt. Ob, wann und in welchem Alter das sittlich-ethische Weltbild gefestigt wird, kommt auf den Lebensstil des Jugendlichen an und bestimmt den endgültigen Eintritt in die Welt der Erwachsenen.

Beispiel zum Thema Sozialisation

BEISPIEL 14 In die Entgiftungsstation eines Krankenhauses wird ein 13jähriger Junge mit schwerer Alkoholvergiftung eingeliefert. Nach den sofort eingeleiteten Notfallmaßnahmen ist der Knabe am nächsten Tag bei klarem Bewußtsein und berichtet, er sei mit einer Gruppe 15- und 16jähriger Freunde seines Bruders auf einer Party gewesen. Es sei sehr viel Bier getrunken worden. Beim zehnten Glas Bier habe er aufgehört zu zählen. Plötzlich sei er aufgrund des übermäßigen Bierkonsums der Beste gewesen. Die älteren Burschen hätten gelacht und ihn ermutigt, ruhig weiterzutrinken. Er erinnert sich noch dunkel, viel Unsinn geredet zu haben, was wiederum viel Gelächter ausgelöst und ihn weiter in den Mittelpunkt gerückt hätte. Von da an wisse er nur, daß ihm übel geworden sei. Er habe erbrochen. Die anderen Jugendlichen hätten ihn aufgefordert, ruhig weiterzutrinken. Damit könne er den Flüssigkeitsverlust ersetzen. Danach kann er sich an nichts mehr erinnern.

Der am selben Tag befragte 15jährige Bruder berichtet, es habe sich wohl alles so zugetragen, wie es sein jüngerer Bruder erzähle, aber man dürfe doch wohl annehmen, daß ein 13jähriger genügend Selbstkritik habe, um zu wissen, wann er genug habe. Den Vorwurf, daß er als älterer Bruder die moralische Verpflichtung gehabt hätte, auf den jüngeren zu schauen, weist er entrüstet zurück. Er antwortet, daß man ab einem gewissen Alter für sich selbst verantwortlich sei und man selbst wissen müsse, was man tue und was man besser lasse.

Wie geht es meinem Kind?

Wer kennt sie nicht, die Sorge der Eltern um die Gesundheit ihrer Kinder?

Kurz nach der Geburt und in den ersten Lebensmonaten sind die Eltern besonders besorgt um deren Wohlergehen. Mit dem Schuleintritt ist das Kind dann (abgesehen von den üblichen Kinderkrankheiten) meist gesundheitlich stabil, und die Sorgen nehmen ab. Erst bei Eintritt in das Pubertätsalter tauchen wieder Ängste der Eltern auf, die an die ersten Lebensmonate des Kindes erinnern. Der Jugendliche befindet sich aufgrund seiner körperlichen, intellektuellen und emotionalen Entwicklung in einer schwierigen Phase. Dem Lebensalter entsprechend betrachtet er sich selbst mit einer hypochondrisch übertriebenen Aufmerksamkeit. Jede geringste Mißempfindung wird auf ihren Gehalt geprüft, diskutiert und zieht die Angst nach sich, nicht der Norm zu entsprechen.

Die permanent über körperliche Beschwerden klagenden Pubertierenden lösen wiederum angstvolle Phantasien bei den Eltern aus. Im intellektuellen Bereich sorgen sie sich um den Leistungsabfall in der Schule, im emotionalen Bereich machen ihnen die Gemütsschwankungen zu schaffen. Die Eltern fragen sich, ob es sich um tatsächliche oder vermeintliche Beschwerden handelt, ob sie diese ernst nehmen oder ignorieren sollen.

Da sind die Wachstumsbeschwerden, die vor allem den

Stütz- und Gelenkapparat beeinträchtigen. Die Frage der Eltern lautet: Handelt es sich bei den vom Jugendlichen angegebenen Beschwerden um einen Vorwand, den Schul- oder Turnunterricht nicht besuchen zu müssen, oder hat er aufgrund eines Entwicklungsschubes tatsächlich ernsten Schaden erlitten? Da sind die Menstruationsbeschwerden der Mädchen, bei denen sich Eltern fragen, ob sie diese herunterspielen sollen oder ob die schweren Krämpfe, die mit Fieberschüben einhergehen können, Resultat der körperlichen und emotionalen Entwicklung des Mädchens sind. Und dann sind da noch die Hautprobleme. Jugendliche leiden zumeist unter Akne, die als kosmetisches Problem abgetan wird. Jedoch sind diese Hauterkrankungen oft mit tiefen seelischen Verletzungen verbunden, da sie vor allem im hochsensiblen Gesichtsbereich auftreten. Die Entzündungen und Eiterherde sind nicht nur körperlich schmerzhaft, sondern führen auch zu schweren Minderwertigkeitskomplexen.

Für Eltern ist es in diesem Stadium sehr schwierig, angemessen zu reagieren. Bagatellisierung des Problems wird vom Jugendlichen in jedem Fall zurückgewiesen, weil er sich nicht ernst genommen fühlt. Erhöhte Zuwendung würde andererseits signalisieren, es handle sich um eine schwerere Erkankung, als die Erwachsenen zuzugeben gewillt sind. Aufforderungen, einen Arzt beizuziehen, werden als übertriebene Wichtigtuerei und daher als nicht notwendig abgewehrt. Erfolgt keine Bemühung um medizinische Abklärung, ist vom Jugendlichen schon einmal zu hören: *Bei euch kann man wohl sterben, bis sich jemand um einen kümmert.*

Wie immer sich Eltern verhalten mögen, sie werden in

jedem Fall versagen. Das sollen sie sich immer vor Augen halten und auch eingestehen. Um den Eltern ein paar Wegweiser zu geben, wollen wir auf den nächsten Seiten einige Phänomene beleuchten, die bei Eltern Ängste auslösen können. Dazu zählen Pubertätsmagersucht, Unfallgefahren, die Angst, Kinder könnten von zu Hause ausreißen oder gar Selbstmord begehen, der Umgang des Jugendlichen mit seinen Aggressionspotentialen und schließlich die Entdeckung der Liebe und der Sexualität.

Pubertätsmagersucht

Der Jugendliche versucht, wie mehrfach angesprochen, kollektiven Normen zu entsprechen. Die dadurch bei den Eltern ausgelösten Ängste reichen von: *Geht mein Kind völlig in kollektiven Normen auf?* bis zu: *Lebt mein Kind in individuellem Eigensinn und setzt damit kollektive Normen außer Kraft?*. Da zumeist kein Dialog zwischen Eltern und Kindern über die jeweiligen Ängste stattfindet, äußern sich diese bei den Jugendlichen über körperliche Erkrankungen. Die Zunahme an Ernährungserkrankungen, wie sie die Pubertätsmagersucht und die Bulimie – Heißhungeranfälle mit anschließendem Erbrechen – darstellen, zeigt, daß psychische Belastungen über Ernährungsgewohnheiten zum Ausdruck gelangen. Besonders bei weiblichen Jugendlichen geht dies oft mit dem Phänomen der Askese einher. Um der Erkrankung auf die Spur zu kommen, stellt der Jugendpsychiater häufig magersüchtige Mädchen auf die Drei-Fragen-Probe:

Frage Eins: Ißt du nicht, weil du gegen irgend etwas in deiner Umgebung protestieren möchtest, dafür keine Worte findest und deinen Protest gleichsam im Hungerstreik auslebst, um auf dich aufmerksam zu machen?

Frage Zwei: Ißt du nicht, weil du depressiv oder bedrückt bist, am Leben keinen Gefallen findest und versuchst, einfach zu verhungern? Begehst du mit deinem Abmagern einen langsamen Selbstmord?

Frage Drei: Verhinderst du durch dein Hungern die Ausgestaltung deines weiblichen Körpers? Glaubst du auf diese Weise das Erwachsenwerden zu verhindern, um im Niemandsland zwischen Kind und Erwachsenem verbleiben zu können? Versuchst du einfach die Geschlechtsreife aufzuhalten?

Diese Fragen werden dem Mädchen mit dem Hinweis gestellt, nicht sofort eine Antwort zu geben. Vielmehr wird das Mädchen aufgefordert, zu meditieren und Antworten für sich selbst zu suchen. In diesen Fragestellungen (und den darauf gegebenen Antworten) verbirgt sich bereits das ganze Leid der Mädchen und die Ängste der Eltern, die gerade durch das Nichtessen in einem Kernbereich ihrer Erziehungsaufgaben betroffen sind. Eine zentrale Aufgabe der Mutter ist es ja, ihre Kinder aufzuziehen, zu füttern und letztendlich lebensfähig zu erhalten. Dies mag ihnen im ersten Moment übertrieben erscheinen, aber hat man einmal mit Hunderten betroffenen Jugendlichen und deren Eltern gesprochen, so weiß man um die Macht der Essensverweigerung, die bei Eltern große Schuldgefühle auslösen kann. Eines der wesentlichen Kriterien, warum Mädchen die Essensverweigerung als Mittel zur Selbstzerstörung einsetzen, ist der Versuch, ihre körperliche Existenz so zu sabotieren, daß es wie ein Hilferuf auf die Eltern wirken muß, sich doch um sie zu bemühen. Dies wird durch die Statistik bestätigt, die besagt, daß Pubertätsmagersucht in immerhin drei bis vier Prozent der Fälle zum Tod führt. Die zuvor beschriebene Dramatik scheint uns also durchaus angebracht.

Schuldzuschreibungen an den Vater oder die Mutter, der Versuch, ihren Lebensstil dafür verantwortlich zu machen, eine ganz bestimmte intrapsychische, immer gleichbleibende Struktur von magersüchtigen Mädchen auffinden zu wollen, scheitern bei Durchsicht der wissenschaftlichen, diagnostischen wie auch therapeutischen Literatur. Dieses Krankheitsbild kann Mädchen in jeder Familie treffen, wobei es sich meist um hochbegabte Jugendliche handelt. Die Mädchen erkranken meist zwischen dem Eintritt in die Pubertät (die in unserer Gesellschaft immer früher einsetzt) und dem Austritt ins Erwachsenenalter. Mit der Behandlung zuzuwarten, mag zwar im Interesse der betroffenen Mädchen sein, Eltern kann aber nur geraten werden, frühzeitig professionelle Hilfe in Anspruch zu nehmen. Auch dann, wenn die Mädchen alle Schwüre dieser Welt abgeben, sie würden ihr Eßverhalten ändern. Im Extremfall wird durch die Abmagerung das Gehirn in Mitleidenschaft gezogen und die gesunde und normale Kritikfähigkeit der intelligenten Mädchen massiv geschädigt. Dieser Zustand ist zwar bei entsprechender Infusionsbehandlung umkehrbar, jedoch bei längerem Zuwarten wird die Heilbehandlung extrem erschwert.

Ein zweites Krankheitsbild auf dem Ernährungssektor ist das der Bulimie. Es handelt sich dabei um eine Freßsucht, die die Mädchen (und auch Jungen) unkontrolliert riesige Kalorienmengen in kurzer Zeit in sich hineinschlingen läßt. Das Essen (also die Energie) muß jedoch wenig später wieder erbrochen werden (Beispiel 15, Seite 94). Daß die Jugendlichen ihr ernährungsgestörtes Verhalten oft geheimhalten und die Eltern erst sehr spät dahinterkommen, erzeugt zusätzliches Angstpotential. Die Erkenntnis, die Realität nicht erkannt zu haben, löst Scham und Wut aus – mehr gegen sich selbst als gegenüber dem kranken Opfer.

An dieser Stelle wollen wir noch einmal darauf hinweisen, daß mit den Schuldgefühlen von Eltern sehr viel behutsamer umgegangen werden muß, als dies in der Regel geschieht. Eine Schuldzuweisung an die Eltern, sie seien verantwortlich für Krankheiten, Verhaltensweisen, Wesenseigentümlichkeiten und Exzentrizitäten des Jugendlichen ist nur angebracht, wenn diese vorsätzlich handeln. Vorsatz muß das Kriterium für Schuldhaftigkeit bleiben. Wir müssen anerkennen, daß das Bemühen um das Wohlergehen ihrer Kinder von den Eltern gut gemeint ist, wenn auch die Erziehungsvorgaben, denen sie folgen, oft Schaden anrichten. Wir sollten die Eltern in ihrer Arbeit unterstützen und ermutigen, damit sie ihre Ängste bewältigen können.

Dabei wollen wir nicht vergessen, daß es bis heute noch kein einzig wahres Erziehungskonzept gibt, an dem man sich orientieren kann. Dies wiederum bedeutet, daß jede gewählte Erziehungsform immer und immer wieder überdacht werden muß. Selbst die Überzeugung, man hätte das Idealsystem für ein Kind gefunden, kann bereits für die Geschwister völlig falsch sein. Gesunde Zweifel und ein adäquates Mißtrauen in die eigene Erziehungskompetenz ist letztlich angstmindernd. Die Annahme, den Stein der Weisen gefunden zu haben, trübt den Blick für die Realitäten und verhindert zumeist, sich selbst in Frage zu stellen. Das wiederum macht es oft unmöglich, den eigenen Kindern bei ihren Problemen zu helfen.

Beispiel zum Thema Pubertätsmagersucht und Bulimie

BEISPIEL 15 Ein 17jähriges Mädchen sucht Hilfe in der Ambulanz einer jugendpsychiatrischen Klinik. Es könne nicht mehr lernen, weil es von Freßsucht besessen sei. Kaum würde es sich zum Lernen setzen, werde es von unstillbarem Hungergefühl erfüllt, wolle alles verfügbare Essen in sich hineinschlingen, um kurz darauf alles wieder zu erbrechen. Es habe sich ausgerechnet, daß es bis zu 10000 Kalorien auf einmal in sich hineinstopfe. Als Beispiel gibt das Mädchen an, 250 Gramm Butter mit einem halben Kilo Staubzucker vermischt auf einmal gegessen zu haben. Danach habe es die gesamte Käseplatte, die als Nachtmahl für sechs Personen bereits vorbereitet im Kühlschrank stand, noch zusätzlich aufgegessen. Eine Viertelstunde später habe es alles erbrochen. Durch dieses Verhalten befriedige es seine Freßgier, nehme aber gleichzeitig an Gewicht nicht zu. In seiner sozialen Umgebung und bei seinen Freizeitaktivitäten würde niemand etwas von seiner Erkrankung bemerken. Auch die Eltern und Geschwister seien lange Zeit ahnungslos gewesen, das häufige Erbrechen sei aber dann doch nicht unbemerkt geblieben.

Dadurch, daß es bis zu sechsmal am Tag erbrach, blokkierte es die Toilette in der Wohnung. So wurden die Geschwister auf den Geruch des Erbrochenen aufmerksam, und eine Diskussion in der Familie war die Folge, bei der die Krankheit aufgedeckt wurde. Eine therapeutische Betreuung wurde sofort begonnen, jedoch dauerte die Therapie sehr lange und hatte anfänglich nur geringe Erfolge. Die Ängste der Eltern, versagt zu haben, konnten im Rahmen der familientherapeutischen Gespräche entkräftet werden.

Die häufigsten Todesarten von Jugendlichen

Unfälle und Selbstmorde zählen zu den häufigsten Todesursachen bei Jugendlichen. Deshalb wollen wir uns diesen beiden Bereichen besonders widmen. Die Besorgnis der Eltern ist durchaus angebracht. Der eigene Umgang mit Angstphantasien bringt nicht nur Konfliktstoff in die Beziehung zwischen Eltern und Kindern, sondern führt oft zu eklatanten Fehleinschätzungen der Eltern in bezug auf die Tragweite der Handlungen und der Fürsorgepflicht gegenüber ihren Kindern.

Unfälle

Unfälle können jedem Menschen in jedem Lebensalter passieren und sind oft Resultat schicksalhafter, unvorhergesehener Ereignisse. Beim Jugendlichen kommen jene hinzu, in der die mangelnde Voraussicht zur Grundlage des Unfallgeschehens werden kann. Ruft man sich nochmals die Risikofreudigkeit des Jugendlichen, der letztlich an seinen Bewältigungsstrategien von Gefahren lernt und reift, in Erinnerung, so muß man kalkulieren, daß gerade der Jugendliche einer erhöhten Unfallgefahr ausgesetzt ist.

Jugendliche wollen feiern, ausgehen und sich herumtreiben, was zu permanenten Auseinandersetzungen mit den Eltern führt. Nehmen wir hier ein Beispiel, das wohl die meisten Eltern pubertierender Kinder schon selbst erlebt haben: Eine Party steht auf dem Programm. Da interessiert den Jugendlichen vor allem: Wie lange darf ich ausgehen? Wann muß ich zu Hause sein? Warum muß ich zum angegebenen Zeitpunkt die Party verlassen – meist beginnt es erst lustig zu werden, wenn ich bereits zu Hause sein muß? Warum darf ich nicht einfach bei meiner Freundin/meinem Freund übernachten? Ihre/seine Eltern sind sowieso zu Hause, ihr braucht euch also keine Sorgen zu machen.

Die Eltern konzentrieren sich eher auf die Frage: Wie kommt mein Kind von der Party nach Hause? Da antwortet der Jugendliche meist, daß das doch seine Sache sei, die Eltern könnten ihn jedoch gerne abholen. Die Party findet aber 45 Kilometer vom Wohnort entfernt statt, und die Antwort kann von den Eltern nur als Provokation aufgefaßt werden. Sie haben Angst, dem Kind könnte auf dem Heimweg etwas zustoßen, und sie fragen sich, ob es im Kreis der Gastgeber und Partygäste jemanden gibt, der zu später Stunde noch fahrtüchtig ist, ob sich einer der Jugendlichen aufgrund von Übermüdung oder Alkohol nicht maßlos überschätzt, ob der Fahrer eine persönlich verläßliche Person ist, die die Gelegenheit der Heimfahrt nicht für andere Zwecke mißbraucht. Sie fragen sich auch, ob sie ihr Kind dazu erzogen haben, im richtigen Moment *Nein!* zu sagen oder anzurufen, falls die Situation eskaliert? Kennt das Kind die Spielregeln von Verführungs- oder Entführungssituationen bis hin zu falsch verstandenen Flirts? Ist das Kind willenstark genug, sich nicht unter Alkohol setzen zu lassen oder andere bewußtseinsverändernde Substanzen einzunehmen?

Letztlich ringen sich die Eltern zu einer Einwilligung durch. Und dann tritt ein, was sie befürchteten: Das Kind kommt nicht zur vereinbarten Zeit nach Hause. Die Eltern laufen in der Wohnung im Kreis und wagen nicht, zu Bett zu gehen. Nervös und voller böser Ahnungen warten sie auf das Eintreffen des Kindes. Telefonieren ist nicht möglich, weil sie vergessen haben, die Nummer zu notieren. Die bisherige Verläßlichkeit des Kindes wird schließlich in Frage gestellt. Und wenn der Jugendliche dann endlich nach Hause kommt, entlädt sich die angestaute Angst in Vorwürfen und Wutattacken gegen das um zwei Stunden verspätete Kind, das mit Unschuldsmiene erklärt, es hätte sich eben im Auto verplaudert, es habe nicht auf die Uhr gesehen und daher nicht bemerkt, daß es schon so spät sei.

Zu den schicksalsbedingten Unfallgefahren gesellen sich auch jene, die vom Jugendlichen aufgrund seiner Risikobereitschaft selbst herbeigeführt werden können. Sieht man vom Drogenkonsum ab, der in einem eigenen Abschnitt behandelt wird, mehren sich die Meldungen über Jugendliche, die den »ultimativen Kick« erleben wollen. Darunter verstehen Jugendliche den Extremeinsatz ihres Körpers, um emotionale Abenteuer zu erleben. Der Jugendliche ist ja mehr und mehr mit einer Welt konfrontiert, in der Extremsportarten zum alltäglichen Standard gehören. Kein Wunder also, daß sie diese zu imitieren versuchen. Springen Erwachsene etwa mit Surfboards aus Flugzeugen und mit Fallschirmen über den Erdpolen ab, so gefallen sich Jugendliche im Trainsurfing auf dem Dach eines Eisenbahnwaggons, um einige Kilometer freistehend mitzufahren. Die Gefahr, vom Dach zu stürzen, in die Hochspannungsleitung zu geraten oder einen rasend schnell entgegenkommenden Tunneleingang zu übersehen, wird offenbar nicht bedacht oder bewußt in Kauf genommen.

Zunehmender Beliebtheit erfreut sich auch das Liftsurfing. Dabei begibt sich der Jugendliche auf das Kabinendach eines Aufzugs, um auf diesem über die Stockwerke auf und ab zu surfen. Zum Problem wird die ganze Sache vor allem im letzten Stockwerk. Wird genug Platz sein, um der Decke auszuweichen? Jahr für Jahr häufen sich tödliche Unfälle, die durch solche Sportarten ausgelöst werden.

Ein weiteres beliebtes Wettspiel mit offenem, oft tödlichem Ausgang ist das Railroad-Crossing. Nach Aufwurf einer Münze muß der Mitspieler die Autobahn im Laufschritt vor einem heranrasenden Auto überqueren. Eine besonders gefährliche Spielvariante ist jene, bei der in der Mitte der Fahrbahn umgekehrt werden muß, wobei der herannahende Autofahrer dann nicht weiß, ob er nach rechts oder nach links ausweichen soll.

Auch das sogenannte amerikanische Roulette ist ein weitverbreitetes Gefahrenspiel. Zu einem vereinbarten Zeitpunkt bringen die Teilnehmer den Inhalt zuvor geplünderter Medikamentenschränke ihrer Eltern oder Großeltern mit. Sie werfen eine größere Anzahl verschiedenster Medikamente in einen Sack und mischen diese gut durch. (Manchmal werden noch einige Tabletten einer psychedelischen Substanz wie LSD zugesetzt.) Danach nimmt jeder Teilnehmer fünf bis acht Tabletten aus dem Beutel und schluckt sie. Dann wird auf die Wirkung gewartet. Intensivmediziner wissen ein Lied davon zu singen, wie es ist, wenn sie nach Einlieferung des Jugendlichen zuerst mit einem blutdrucksenkenden Mittel in Kombination mit einem Abführmittel der Großmutter und wenige Minuten später mit der Wirkung eines Herzstärkungsmittels konfrontiert werden.

Die gezeigten Beispiele könnten mühelos durch weitere ergänzt werden. Wir wollten jedoch nur kurz umreißen, daß bei jeder Angst von Eltern vor einer Unfallgefährdung des

Jugendlichen auch jene Gefahren mitkalkuliert werden müssen, die sich aus der Risikobereitschaft ihrer Kinder ergeben. Eltern müssen dabei in Betracht ziehen, daß sich die Jugendlichen nicht aus der Gemeinschaft ausschließen können und so durch den Gruppenzwang in Gefahren geraten können, an die die Eltern aus ihrem eigenen Erfahrungshorizont niemals denken würden.

Selbstmord

Eines der heikelsten Kapitel stellt das Thema Suizid und Suizidversuch im Jugendlichenalter dar. Man will es gleichsam nicht wahrhaben, daß ein solches Geschehen in jeder Familie möglich ist und auch real stattfinden kann. Der Selbstmord stellt die verdichtetste und maximale Art von Aggression dar, die ein Mensch gegen sich selbst aufzubringen imstande ist. Der Selbstmord ist nicht die Folge eines riskanten Abenteuers, das letztlich zum selbstverschuldeten Tod führt, sondern eine bewußt geführte Tat, um seinem Leben endgültig ein Ende zu bereiten. Natürlich gibt es auch bei selbstverschuldeten, risikofreudigen Handlungen solche, die in ihrer Wirkung durchaus als Selbstmordversuch gewertet werden müssen. Diese Versuche sind mittel- bis längerfristig angelegt. Sie bieten auch die Möglichkeit, daß Erwachsene auf die Situation des Jugendlichen aufmerksam werden und vor dem Exitus gegensteuern können. In vielen Fällen kommt aber jede Hilfe zu spät, da die zum langfristigen Selbstmord entwickelten Strategien in ihrer Endgültigkeit so direkt angelegt sind, daß für ein Überleben selten eine Chance besteht.

Der österreichische Individualpsychologe und Selbstmordforscher Erwin Ringel hat festgehalten, daß es präsuizidale Symptome gibt, die einem Suizidversuch oder Selbstmord immer vorausgehen. Darunter hat er die Einengung der Gedanken, Gefühle und Handlungen verstanden, die zu einem Röhrendenken und -fühlen auf einen einzigen Problemkreis im Leben führen, aus dem sich der Betroffene nicht mehr befreien kann. Ein weiteres Symptom ist die Entwicklung einer Suizidphantasie. Es wird eine Variante des Selbstmordes als einzig mögliche Lösungsstrategie gewählt. Aus dieser kann sich der Selbstmörder innerlich nicht mehr befreien. Die fixe Idee gewinnt mehr und mehr an Gestalt. Andere Lösungsvarianten sind nicht mehr auffindbar, und es kommt zur Steigerung der Aggressionen gegen sich selbst. Sind die bis dahin, also zum Zeitpunkt der Festlegung auf eine bestimmte Selbstmordphantasie, abgegebenen Hilferufe, die an die Umwelt verschlüsselt abgegeben werden, ungehört verhallt, wird der Schritt zur Ausführung des Selbstmordes oft sehr rasch gesetzt (Beispiel 16, Seite 108).

Nun hat beinahe jeder Mensch, der in unserem Kulturkreis lebt, irgendwann einmal Gedanken an einen Selbstmord gehegt. Keiner von uns ist frei davon, auch wenn die eigene unbewußte Abwehrleistung uns dazu verführt zu sagen, wir hätten so einen Gedanken noch nie gehabt. Der Selbstmord als Möglichkeit ist zweifellos allgegenwärtig, zumindest in jener Form des letzten Auswegs: Wenn ich von Schmerzen gepeinigt in meiner allerletzten Lebensphase lebe und keinerlei Hilfe mehr erfahren kann, vielleicht beende ich dann selbst mein Leben. Solche Überlegungen werden vom gesunden Menschen oft mit schlechtem Gewissen sofort abgewehrt, da er den Selbstmord ja als keine wirklich geeignete Lösung für ein an ihn gestelltes Problem erachtet. Oder doch?

Wenn die Grundannahme lautet, daß jeder Mensch irgendwann einmal Selbstmordphantasien gehabt hat und sie sich in einer Situation der totalen Einengung verdichten, müssen vorsichtig gesendete Signale ernst genommen werden. Sätze wie: *Lange werdet ihr mich nicht mehr haben* oder: *Es hat keinen Sinn mehr zu lernen* oder wiederholte kryptische Andeutungen über den totalen Niedergang der Welt durch einen weiteren Weltkrieg sind Äußerungen, die wir nicht leichtfertig übergehen sollten. Jede noch so vorsichtige Andeutung, man könne sich ja auch das Leben nehmen, sollte nicht mit der demonstrativ gelassenen Abwehrhaltung bewertet werden: Einer, der den Selbstmord ankündigt, tut es ohnehin nicht. Wissenschaftliche Untersuchungen haben hinreichend bewiesen, daß mit entschiedenem Entgegenwirken Selbstmorde verhindert und Menschenleben gerettet werden können. Selbstmordprophylaxe, also die Verhinderung von Selbstmorden, ist nicht eine Frage von Psychiatern, Psychologen und Psychotherapeuten, sondern geht jeden an. Jeder, der imstande ist, solche Äußerungen wahrzunehmen und durch aktives Zuhören auf den Betroffenen zuzugehen, kann Problemanalyse betreiben und so den Selbstmord verhindern. Zivilcourage ist die Kehrseite der Angst, die uns oft zum Wegschauen verleitet.

Der qualitative Unterschied zwischen dem Selbstmordversuch und der endgültigen Selbstmordhandlung liegt in der Situation. Beim Selbstmordversuch will jemand aufgrund permanenten Drucks (wie in Beispiel 16 beschrieben) Abstand gewinnen. Er nimmt Schlaftabletten, um gleichsam mindestens eine Woche zu schlafen, in der Hoffnung, es würden sich während des langen Tiefschlafes die Probleme von selbst lösen. Im Suizidversuch liegt der Hilferuf verborgen, gerettet zu werden. Es wird also eine Variante gewählt, bei der anzunehmen ist, daß man rechtzeitig entdeckt wird. So sind Tabletteneinnahmen oder das Aufschneiden der Pulsadern häufig untaugliche, aber um so spektakulärere Mittel der Selbsttötung. Andererseits sind sie aber ein probates Mittel, dem Hilferuf Gehör zu verschaffen. Aus diesem Grund dürfen wir derartige Handlungen auch nicht als theatralisch-hysterisch verurteilen, denn damit bereiten wir bereits den Boden für die nächste Suizidhandlung. Natürlich gibt es auch jene Selbstmordversuche, die schon in der Planung schieflaufen und wirklich tödlich enden. Eine falsch gewählte Medikamentendosis oder eine Körperverletzung, die letztlich letalen Ausgang hat, wären solche Beispiele.

Vor allem im Jugendlichenalter gibt es ein spezielles Phänomen, das Beachtung verdient und das wir vielleicht mit dem Begriff Tom-Sawyer-Syndrom näher bezeichnen können. In innerer Emigration zurückgezogen und von Trotz erfüllt, überlegt der Jugendliche, wie er seine Umgebung, vor allem seine Eltern, schrecken und peinigen kann. Dazu wird folgendes Szenarium gewählt: Der Jugendliche verschwindet einfach von zu Hause, reißt aus der gewohnten Lebenssphäre aus, (wofür er Vorbereitungen sehr geheim getroffen hat) und ist somit plötzlich unauffindbar. Nach genau vorkalkulierter Zeit taucht er dann aus der Versenkung wieder auf, vergißt schnell das den Eltern zugefügte Leid und erlebt wie vorausgedacht seine glückliche Wiederkehr (so wie Tom Sawyer und seine beiden Freunde bei ihrer eigenen Trauerfeier wieder erschienen sind). Ein ähnlicher Erfolg wird auch mit einem kalkulierten Suizidversuch erreicht. Aufgrund des Schuldgefühls der Eltern und deren Glücksgefühl, das Kind endlich wieder bei sich zu haben, werden Vorwürfe von Vergebung und Verzeihung verdrängt. Die ausgestandenen Ängste der Eltern während der Zeit, in der das Kind abgängig war, waren aber unermeßlich. Wer hätte ihnen denn versichern können, daß das unschuldige Kind nicht doch in ein Verbrechen verwickelt war?

Daß Kinder von zu Hause weglaufen, kann viele Gründe haben. Täglich werden Dutzende Jugendliche bei Polizeidienststellen als abgängig gemeldet. Sie sind zur vereinbarten Zeit nicht nach Hause gekommen oder haben, manchmal unter Hinterlassung von Botschaften, ganz gezielt das Weite gesucht. Die Verzweiflung der Eltern ist meist berechtigt – besonders dann, wenn diese Abgängigkeitsanzeigen von den Behörden mit nüchterner Routine aufgenommen werden und erst nach 24 Stunden eine Suche eingeleitet wird. Dies auch deshalb, weil sich gezeigt hat, daß 90 Prozent aller abgängigen Jugendlichen innerhalb von 24 Stunden wieder auftauchen.

Zur Gruppe der Abgängigen gehören Jugendliche, die etwas angestellt haben und sich aus Angst vor der Strafe nicht mehr nach Hause trauen; die aufgrund von zu hohem Konsum von Alkohol oder anderen bewußtseinsverändernden Substanzen schlicht den Weg nach Hause nicht mehr finden; junge Liebespaare, die einfach die Zeit übersehen haben. Des weiteren finden sich darunter jungendliche Straftäter, die aus Angst vor den Konsequenzen ihrer Tat das Weite suchen.

Aber es sind selbstverständlich auch Jugendliche darunter zu finden, die aus Krankheitsgründen und nicht aus Abenteuerlust ihre gewohnte soziale Umgebung verlassen haben.

Gemeint sind damit Jugendliche, die am Beginn einer Geisteskrankheit, vor allem einer Form von Schizophrenie, gleichsam im Wetterleuchten der beginnenden Psychose, befehlenden inneren Stimmen folgen. Zu dieser Gruppe gehören auch jene Jugendlichen, die epileptischen Anfallsleiden ausgesetzt sind und in Dämmerzuständen ihre Planung und Orientierung verlieren. Aus diesem Zustand erwachend, befinden sie sich an einem ihnen unbekannten Ort, so als hätten sie ihr Gedächtnis vollkommen verloren.

Die Angst der Eltern ist in allen Fällen immer gleich. Jedes abgängige Kind ruft qualvolle Phantasien der Eltern hervor. Gottlob stellt sich beim größten Teil der Fälle heraus, daß durchaus nachvollziehbare, jugendadäquate, kurzsichtige und die Tragweite nicht abschätzende Kurzschlußhandlungen vorlagen.

An dieser Stelle muß auch das Phänomen der Selbstbeschädigung behandelt werden. Immer häufiger stehen Eltern und Lehrer selbstschädigenden Handlungen von Pubertierenden gegenüber. Dabei geht es nicht um Verletzungen durch Mutproben, sondern um aggressive Handlungen gegen sich selbst. Junge Mädchen fügen sich Schnittverletzungen an Armen und Beinen zu, junge Burschen schlagen sich ins Gesicht. Dazu zählen auch extreme Selbstgeißelungen, die die Umwelt erschrecken und die von den Betroffenen in psychotherapeutischen Gesprächen auch erklärt werden. Dabei wird einerseits die Unerträglichkeit des »Soseins« beschrieben, andererseits der Wunsch, sich selbst zu »erleben« und zu »spüren«.

Jeder sich selbst zugefügte Schmerz führt zu körperlichen Reaktionen, die mit Ausschüttung von Glückshormonen einhergehen und damit ein erhöhtes Wachheitserlebnis mit sich bringen. Intellektuell handelt es sich dabei um einen Wettkampf der Bewältigung von Leid mit einer anderen »Bewußtseinsstufe«, emotional ist es das Erleben von einem »Ich empfinde, daher bin ich«, in Abwandlung der Descartesschen Formel »Ich denke, daher bin ich«. Sozial ist es ein Appell an die Umwelt zu verstärkter Zuwendungsbereitschaft.

Ängste der Eltern, daß es sich dabei um eine Geisteskrankheit handelt, können beruhigt werden, wenngleich solche Selbstverletzungen auch Ausdrucksformen von psychotischen Erkrankungen sein können. Häufiger handelt es sich dabei jedoch um Entwicklungsphasen des Selbsterlebens, Selbsterleidens und unbewußten Selbstbestrafens, um in die nächste Entwicklungsphase eintreten zu können.

Doch zurück zum Selbstmordversuch und zur Selbstmordhandlung. Der vollzogene Suizid gehört zu den familiär belastendsten Ereignissen, die es überhaupt gibt. Nach der Entdeckung des Unfaßbaren entsteht ein Martyrium unvorstellbaren Ausmaßes. War man innerfamiliär auf diese fatale Form der Problemlösung eines jungen Menschen nicht vorbereitet, trifft einen diese Entdeckung wie ein Schlag. Bleibt bei einem Unfall noch der schwache Trost der Schicksalhaftigkeit, so ist bei der jugendlichen Suizidhandlung das enorme Schuldgefühl das bleibende Element. Man fragt sich, ob man etwas übersehen, etwas nicht erkannt hat und gibt sich direkt die Schuld am Tod des Kindes. Die Konfrontation mit der eigenen Angst wie auch mit der Angst vor den Vorwürfen der Umgebung steigert sich zu einem übermächtigen Schuldkomplex. Gegenseitige Schuldzuweisungen, wer was erkennen hätte müssen oder können, führen nicht selten zu existenziellen Ehe- und Familienkrisen, die nur unter Zuhilfenahme von Psychotherapeuten zu beheben sind.

Die Bewältigungsmechanismen reichen von Verleugnen und Umdeuten des Geschehens bis hin zu totaler Rückzugshaltung aus dem sozialen Leben, die einer Buße gleichkommt. Geheimhaltungen und zurechtgezimmerte Erklärungsversuche mögen momentane soziale Abschirmung ermöglichen, doch ist die Konfrontation mit dem realen Geschehen und die Bearbeitung der unfaßbaren Tat für alle Familienmitglieder unabdingbar notwendig. Das Familiengeheimnis muß enttarnt werden, denn nur so können alle übriggebliebenen Mitglieder der Familie nach der Tragödie weiterleben.

Die Frage, die sich nun viele stellen werden, heißt: Kann mir und meinem Kind ähnliches passieren? Die Antwort lautet: Selbstverständlich! Eine solche Handlung ist weder schichtspezifisch noch von der intellektuellen Ausstattung des Jugendlichen abhängig. Es kann nur immer und immer wieder betont werden, daß auch die leiseste Andeutung eines Lebensüberdrusses die sofortige intensive Zuwendung nach sich ziehen muß. Diese Aufmerksamkeit ist bereits Garant dafür, daß zumindest die vorher beschriebene Einengung aufgelockert wird. In Gesprächen mit den Jugendlichen zeigt sich außerdem, ob der Verdacht einer Gemütskrankheit bestätigt werden kann. Eine solche ist umgehend einer fachärztlichen Behandlung zuzuführen.

Dieses Kapitel soll nicht beendet werden, ohne kurz auf die Wahl der Mittel beim Selbstmord einzugehen. Eine Untersuchung ergab, daß die statistisch am häufigsten gewählte Selbstmordart bei jugendlichen Männern das Erschießen, gefolgt vom Erhängen ist, bei Mädchen ist es die Tabletteneinnahme, gefolgt vom Fenstersprung. Besonders die Verfügbarkeit von Waffen stellt ein von Fachleuten immer wieder kritisiertes Problemfeld dar, da mit der Waffe nicht nur ein folgenschwerer Entschluß rasch in die Tat umgesetzt werden kann, sondern der angesetzte Schuß zumeist auch tödlich endet.

Auch die auslösenden Faktoren zum Suizid müssen in Augenschein genommen werden. Hier fällt deutlich auf, daß die Zeugnismonate Februar und Juni einen deutlichen Anstieg der jugendlichen Suizide nach sich ziehen. Natürlich sind Liebeskummer und enttäuschte Lebenshoffnungen ebenso Auslöser, die in ihrer Gefährlichkeit aber dann gemindert werden können, wenn der Jugendliche über einen Kommunikationspartner in seiner *Peer-group* oder Familie verfügt, der Anteil an seinen Problemen nimmt.

Auch wenn das Phänomen Suizid gerne verschwiegen wird und für viele außerhalb ihrer Vorstellungswelt angesiedelt bleibt, zeigt die Häufigkeit dieser Vorkommnisse, wie notwendig es ist, Eltern immer wieder darauf hinzuweisen, auf die Signale, die ihre Kinder aussenden, genau zu achten. Der Suizid besitzt den Makel der Abartigkeit und Abscheulichkeit sondergleichen. Mit dem Selbstmord eines Familienangehörigen sozial belastet zu sein, kommt einer Ächtung nahe. Die Scham ist groß. Nur das Gespräch und die soziale Enttarnung hilft den Betroffenen und unterstützt die Selbstmordverhütung.

Beispiel zum Thema Todesarten von Jugendlichen

BEISPIEL 16 Ein 15jähriger Schüler gerät in eine für Heranwachsende typische Krise. Die schulischen Leistungen lassen nach, die Eltern fordern mehr Bemühung und Leistung, aber Faulheit, Unkonzentriertheit und Lustlosigkeit greifen mehr und mehr Platz. Daraus entwickeln sich vermehrt Debatten mit den Eltern, die zum Teil die ganze Familie erfassen und ihr soziales Klima verschlechtern. Der Vater beschuldigt nicht nur den erfolglosen Sohn der totalen Unfähigkeit, er bezichtigt auch die Mutter der mangelnden Aufsicht und Bemühung, das Schuljahr zu retten. Nachhilfestunden werden ganz offensichtlich vergeblich konsumiert und bringen nicht den gewünschten Erfolg. Die Lebensqualität des Knaben sinkt mehr und mehr, zumal mit ihm ausschließlich über schulische Leistung und sein Versagen diskutiert wird. Andere Lebensbereiche erhalten immer weniger Raum. Vergnügungen werden mehr und mehr eingeengt, bis sie schließlich aus erzieherischen Gründen komplett untersagt werden. Schließlich wird die Lebensqualität auf Schulnoten, deren Erfolg und die daraus ableitbaren Vergnügungen reduziert. Daraus ergibt sich eine mehr als beschränkte Lebenssituation, die zu Einengung im Denken, Fühlen und Handeln führt.

Gerade zu diesem Zeitpunkt ist er da, der Gedanke: Wenn das das Leben sein soll, so hat es keine Qualität für mich. Wozu lebe ich überhaupt? Dieser Gedanke paart sich mit der Phantasie, ob die Eltern wirklich die eigenen Eltern seien, da sie so unverständig erscheinen. Dazu kommt die Frage, ob das Leben tatsächlich nur aus Leistung besteht. Und warum das alles gerade ihn trifft. Er denkt, er sei körperlich minderwertig, sportlich nicht erfolgreich, habe keinen Erfolg bei Freunden und Freundinnen, sei überhaupt nicht beliebt und in der Familie nicht akzeptiert. Also habe das Leben keinen Sinn mehr. Und immer mehr setzt sich der Gedanke fest, man könnte dieses Leben ja auch beenden.

Die Entdeckung der Liebe

In der tiefenpsychologischen Literatur wird die Lebensphase vom siebten Lebensjahr bis zum Eintritt in die Pubertät als Latenzphase bezeichnet. Obwohl diese Phase libidinös eher ruhig verläuft, weist sie eine Fülle von emotionalen Bindungen auf, vor allem zwischen den beiden Geschlechtern. Zärtliche, liebevolle und innige Beziehungen mit Liebes- und Akzeptanzfreuden wechseln mit Phasen von Liebeskummer ab. Es wird das vorweggenommen, was nach der Pubertät im Erwachsenenleben, unter reiferen Vorzeichen, immer wieder stattfindet. In die Zeit der Pubertät fällt vor allem ein einzigartiges, unverwechselbares und nicht mehr wiederholbares Ereignis: das erstmalige *falling in love*. Es passiert zum erstenmal und in dieser Form nur einmal. Wenn sich diese erste, ganz große Liebe ereignet, werden die gewohnten Beziehungen zu Eltern, Geschwistern und Großeltern plötzlich mit ganz anderen Maßstäben gemessen.

Ein Beispiel: Zwei junge Menschen besuchen dieselbe Schule, nehmen seit Jahren denselben Schulweg und benützen täglich denselben Schulbus. Da beide Schüler, sie sind 13 Jahre alt, in Parallelklassen gehen, findet ein intensiver Austausch über die gemeinsamen Schulerfahrungen wie Schularbeiten, Prüfungen, bevorzugte Lehrer und bevorstehende Jahresereignisse statt.

Doch mit einem Schlag, eines Morgens, hat sich die Welt verändert. Der Junge sieht das Mädchen, spürt ein heißes Gefühl und wagt es nicht mehr anzusprechen. Eigentümlicherweise geht ihm plötzlich der Gesprächsstoff aus, und wenn seine Mitschülerin ihn anblickt, sieht er zu Boden. Er rätselt, was sich verändert haben könnte, und beobachtet sie heimlich, wenn sie in seiner Nähe ist. Er empfindet ihr Äußeres ungeheuer anziehend und ihre Kleidung äußerst schick. Der ganze Schultag ist durch sie verschönt. Der Junge denkt an nichts anderes als an das Mädchen. Wie von Geisterhand gelenkt, schreibt er dutzendemal ihren Vornamen auf ein Stück Papier. Seine Gefühlslage wechselt dabei jeden Tag. Einmal ist er sehr vergnügt und heiter, dann wieder nachdenklich und traurig. Am Abend blickt der junge Mann zum Fenster hinaus, träumt davon, daß sich ihr Blick in 365 000 Kilometern Entfernung mit dem seinen trifft, weil auch sie vielleicht gerade zum Mond hinauf schaut. Umwege bei alltäglichen Aufgaben werden in Kauf genommen, um an ihrem Haus vorbeizugehen und einen kurzen Blick auf ihr Fenster zu werfen.

Was hier als scheinbar kitschig-romantische Schwärmerei beschrieben sein mag, ist für ihn plötzlich Realität geworden. Auch der innige Wunsch, mit ihr zu reden, aber eben anders als bisher, sie an der Hand zu berühren, in eine Konditorei, in ein Caféhaus oder in ein Eisgeschäft einzuladen, gewinnt an eminenter Bedeutung. Zugleich steigt die Scheu, gerade das zu tun, da er ja nicht wissen kann, ob sie ihn nicht zurückweisen wird. Wenn sie dann endlich zusagt, mit ihm einen Nachmittagsspaziergang zu unternehmen, stellt sich schon das nächste Problem, nämlich wie er es anstellt, sie zu küssen. Werde ich abblitzen? Werde ich mir eine Ohrfeige einhandeln? Wird sie akzeptieren, daß ich sie küssen möchte? Und wenn ja, wird sie meinen Kuß erwidern? Die emotionale Beziehung und die inneren seelischen Nöte machen unsicher. Diese Unsicherheit und Ängstlichkeit wird häufig durch großsprecherische Art, durch Wichtigtuerei und übersteigerte Prahlerei wettgemacht.

Geht alles gut, erwidert sie den Kuß und ist damit einverstanden, miteinander »zu gehen«. Selbst wenn es dieses Übereinkommen geben sollte, bleibt aber immer noch unklar, was die beiden eigentlich darunter zu verstehen haben. Man ist einander versprochen, man ist stillschweigend übereingekommen, mit keinem anderen zu sprechen, ins Kino zu gehen oder etwas zu unternehmen. Dieses Miteinandergehen kommt einem Treueschwur auf eine versprochene Freundschaft gleich, ist eine Zusicherung, den anderen vorrangig zu behandeln. Es bedeutet aber auch eine gewisse Absicherung für den Fall, daß dieses Versprechen eines Tages nicht mehr gilt. Dann kann man sich immer noch auf die Position zurückziehen: Wir haben uns ja nur versprochen, miteinander zu gehen, nicht unser künftiges Leben gemeinsam zu verbringen.

Die gesamte Ambivalenz der Gefühlsaufwallungen drückt sich in diesem Begriff des Miteinander-gehens aus und wird von der Erwachsenenwelt huldvoll belächelt. Der Jugendliche spürt die abschätzige Duldung seines Verhaltens. Jede Äußerung, die dieses Ereignis abwertet, führt geradewegs in eine emotionale Katastrophe. Jeder völlig unverfänglich fallengelassene Satz kann als Angriff gegen die sehr brüchige jugendliche Identität gewertet werden. Konflikte sind also unausweichlich, wenn die Liebesangelegenheiten des Kindes seitens der Eltern nicht ernst genug genommen werden.

Aber kehren wir zum ersten Kuß zurück, zu den Zweifeln und den Unsicherheiten, die ihn begleiten, und zu all den

Fragen, die ganze Jugendmagazine füllen: Wie küsse ich richtig? Was versteht man unter Zungenkuß? Wie lang muß ein Kuß dauern? Müssen bei einem Kuß die Augen geschlossen werden? Kaum ist dieser erste Kuß vorüber, werden neue Wünsche und Forderungen entwickelt: Ob sie sich wohl streicheln läßt? Wie wird sie reagieren, wenn ich ihre Brust berühre? Darf ich mich beim Tanzen ganz fest gegen sie pressen? Darf ich sie meine Erregung spüren lassen? Wann wird sie ihre Zurückhaltung aufgeben? Wann wird sie mir nicht nur durch Worte, sondern auch durch kleine Gesten und Taten beweisen, daß sie bereit ist, mit mir zu »gehen«?

Während der letzten 15 Jahre hat sich dieses Verhaltensmuster insoweit verändert, als die Ängste der Pubertierenden gegenüber dem anderen Geschlecht zwar nach wie vor vorhanden sind, das Selbstbewußtsein der Mädchen aber deutlich zugenommen hat. War es früher gleichsam ungeschriebenes Gesetz, daß es den Knaben vorbehalten war, den ersten Schritt zu setzen, so hat sich heute das Verhalten der Mädchen stark verändert. Sie ergreifen zunehmend die Initiative, wenn es um die Annäherung an das andere Geschlecht geht. Selbstbewußt vereinbaren sie *dates*, sprechen sehr offen mit ihren Freundinnen über Fähigkeiten und Fertigkeiten der Knaben ihrer Wahl und übernehmen auch sexuelle Aktivität. Diskussionen über Verhütungsmethoden zeigen auf, daß ein Bewußtseins- und Aufklärungsprozeß im Sinne »intimer Reife« Platz gegriffen hat. Das alles wird im übrigen von der Elterngeneration nicht immer positiv gesehen.

In Jugenduntersuchungen der letzten Zeit wird immer wieder hervorgehoben, daß Werte wie Zweisamkeit, Treue und behutsamer Umgang mit dem Partner zu den Zielvorstellungen der gegenwärtigen Jugend gehören. Wenn man davon absieht, daß die Infektionsgefahr durch AIDS einen Wandel im Prozeß der Begegnung zur Folge hat, so ist das neu erwachte Selbstbewußtsein der Mädchen ganz sicher auch ein wesentlicher Faktor im veränderten Umgang mit Intimität und Geschlechtlichkeit.

Nicht selten aber scheint es so, als würden sich die Jugendlichen heute gar nicht mehr mit solchen Fragen beschäftigen, weil sie ohnehin rasch zur Sache kommen. Die Medien leisten da ihren Beitrag. Natürlich gibt es neben der beschriebenen romantischen Welt auch die direkte, rüde Aufforderung an den gewünschten Partner. Diese Vorgehensweise ist freilich eher selten. Die Necking- und Pettingphase ist weiterhin die üblichste Form der Anbahnung. Dieses ungeheuer intime und vorerst geheime Geschehen muß dann natürlich den Freunden und Freundinnen mitgeteilt werden. Montäglicher Erfahrungs- und Wissensaustausch über die Erlebnisse am Wochenende sind in Klassen von pubertierenden Jugendlichen gang und gäbe. Häufig entsteht der Eindruck, daß vor allem männliche Jugendliche überhaupt nichts anderes im Sinn hätten als gelebte Sexualität. Der Erfahrungsaustausch der Mädchen in emotionalen Dingen hat eher romantischen Charakter, gilt es doch die Phantasien der Jungmädchenromantik auszuleben. Sie wird indes, dem Zeitgeist entsprechend, in ein schnoddriges Gewand gekleidet. Wichtig ist das soziale Bild, das man gegenüber der Umwelt entwirft. Für Jugendliche ist es enorm wichtig, daß wahrgenommen wird, daß man vergeben ist, daß man begehrt wird, daß der eigene Stellenwert und Reiz hoch geschätzt wird. Daraus entstehen natürlich auch Rivalitäten, Eifersüchteleien und Kämpfe um das beliebteste weibliche oder männliche Objekt der Klasse.

Das Mädchen mißt die Attraktivität des Knaben am Stellenwert, den er im sozialen Umfeld wie Schulklasse, Freizeitclub oder Tanzschule einnimmt, in dem sich beide gemeinsam mit ihren Freunden und Freundinnen bewegen. Dieser Wert des männlichen und weiblichen Objektes ändert sich mit jeder Generation. Jeder Zeitgeist bringt seine eigenen Wertskalen hervor – etwa das Ausmaß an Lustigkeit, Unternehmungs- und Einfallsreichtum oder ob der Kandidat eher aggressiv oder ein »Softy« ist. In der Öffentlichkeit mag der Eindruck entstehen, daß sich die Moral von Jahrzehnt zu Jahrzehnt anders positioniert und einer hohen Bewertung von Eigenschaften einige Jahre darauf eine Abwertung folgt. Demographische Untersuchungen bestätigen beide Trends: Einmal wird ein besonders hohes Maß an emotionalen Werten wie der Treue festgestellt (wie schon zur Zeit der Eltern), und kurze Zeit später bestätigen die gleichen Untersuchungsinstitute das Gegenteil, nämlich, wie leichtfertig die Jugend mit den Werten Liebe und Sexualität umgeht. Diese Widersprüchlichkeit demoskopischer Erhebungen sind aber unerheblich, wenn man weiß, daß die Annäherung der Geschlechter immer wieder in ähnlicher Form geschieht: Scheu – Annäherung, Annäherung – Rückzug, Akzeptanz – verhaltene Abwehr, Nachgeben, Gewinn durch Eroberung, Ergebenheits- und Unterwerfungsgesten, Verführungsrituale und die damit verbundene Enttäuschung durch Abwehr. Das große Spiel von Nähe und Distanz, von Zuneigung, Akzeptanz und Abwehr, bleibt letztlich gleich und vollzieht sich stets unter dem Aspekt der Abnabelung von der Erwachsenenwelt.

Die Annäherung der Geschlechter muß im Verborgenen geschehen, und sie muß letzten Endes auch zu einer Geschlechtsidentität führen, die von der autoerotischen über die homoerotische zur hetero- oder homosexuellen Partnerschaft führt. Längst ist der Disput darüber hinfällig geworden, ob die in diesem Stadium der Emotionalität gewonnenen Erfahrungen noch umgepolt werden können. Der Pubertierende verspürt ganz klare und eindeutige Neigungen zum anderen oder zum eigenen Geschlecht. Er kann zu diesem Zeitpunkt durch Verführung oder Manipulation nicht mehr für eine Welt fügsam gemacht werden, die ihm widerstrebt. Es kann heute als gesichert angenommen werden, daß der Pubertierende, unabhängig von gesetzlichen Bestimmungen, sehr genau in sich hineinhören und empfinden kann, wohin seine Neigungen, Präferenzen, Wünsche und triebhaften Begierden gehen.

Mittlerweile ist die Erforschung des jugendlichen Lebens soweit gediehen, daß uns nicht nur die emotionalen Präferenzen, sondern auch ihre Entstehungsweise klar vor Augen treten. Für die sexuelle und erotische Entwicklung eines Jugendlichen, ob hetero- oder homosexuell, ist es eminent wichtig, seine Gefühle nicht verstecken zu müssen, nicht dafür geächtet, ausgelacht, verspottet oder mißachtet zu werden. Abwertende Stellungnahmen von Eltern resultieren oft aus den eigenen Ängsten vor Homosexualität und der Angst, von der Umwelt für einen Sohn oder eine Tochter mit diesen Neigungen verachtet zu werden. Selbst wenn es Eltern nach dem ersten Schock akzeptieren, bleibt doch die bange Frage: Was wird unsere Umgebung dazu sagen? Wie wird die übrige Familie reagieren? Sollten wir aber nicht geschlechtliche Präferenzen, vor allem die Zuneigung eines Menschen zu einem anderen, einfach akzeptieren, wie sie sind?

Ich denke, daß wir auch in diesem Bereich nicht mit Schuldzuweisungen arbeiten sollten. Unsere Aufgabe ist die Prävention. Nach diesem Grundsatz ist es notwendig, in der Sexualerziehung auf alle Gefahren hinzuweisen, die einem jungen Menschen in der Pubertät und Adoleszenz drohen. Dazu zählen neben Übergriffen vorwiegend älterer Männer auf sehr junge Mädchen auch homosexuelle Attacken pädophiler Erwachsener, von denen nicht nur Jungen, sondern auch Mädchen in gleichem Maße betroffen sind. Es ist also die Präventionsaufgabe, unsere Kinder hinreichend darüber zu informieren, wie allfällige Gefahren aussehen, wie man Begegnungen, Angriffe, aber auch Attacken entsprechend subtil und, wenn nicht anders möglich, direkt abwehren kann.

Liebe ist ein unbeschreibliches Phänomen, das in kleinen Dosen erfahren werden will. Die Pubertät erlaubt ein mehr oder weniger ungestraftes Probehandeln. Das Jugendalter ist ein Experimentieralter, in dem der Ausgang einer Handlung im Ungewissen bleiben darf. Der Reiz des Experiments, gepaart mit Spannung und Abenteuerlust, muß für den jungen Menschen gewahrt bleiben.

Wenn von Experimentieralter gesprochen wird, so ist es notwendig, diesem Gemütszustand kurz Aufmerksamkeit zu widmen. Extreme Gefühlsäußerungen im Sinne von himmelhoch jauchzend und zu Tode betrübt sind allseits bekannt. Sich total auf etwas einzulassen, für jemanden irrsinnig zu schwärmen, in einer Idee aufzugehen, etwas »irre toll« zu finden und sich scheinbar nicht abbringen zu lassen, sind Gefühle, mit denen Erwachsene besser umgehen lernen sollten. Widerstand seitens der Jugendlichen muß geboten werden. Schließlich ist Jugendkultur darauf ausgerichtet, zu provozieren und in einem kreativen Prozeß Neues hervorzubringen. Wir als Erwachsene sind dazu aufgefordert, den emotionalen, intellektuellen und auch körperlichen Extremstandpunkt der Jungen aufzugreifen. Das Neue muß uns keineswegs gefallen, doch je mehr wir uns dagegen wehren, um so deutlicher wird der Widerstand. Dialogbereitschaft heißt ja nicht Konsensbereitschaft, sondern Konfliktkultur, welche dazu führen soll, daß Einstellungen überprüft und modifiziert werden, auch auf seiten der Erwachsenen. Hätte jede Generation das Neue, nur weil es neu ist, abgelehnt, wäre der Fortschritt der Menschheit massiv beschränkt geblieben. Die Extremhaltungen des Jugendalters sind es, die eine neue veränderte Welt hervorbringen, die wir als Erwachsene nach einer gewissen Gewöhnungsphase auch akzeptieren müssen.

Sexualität

Die Entdeckung von Zuneigung, Liebe, körperlicher gegenseitiger Annäherung und Sexualität bedarf für den Jugendlichen des geschützten Betretens von Neuland. Eltern sollten sich an die eigenen, schönsten Zeiten ihres Lebens erinnern, bevor sie sich in Ängsten und Besorgnissen quälen und permanente Warnungen ausstoßen. Die Ängste der Eltern im Zusammenhang mit der erwachenden Sexualität ihrer Kinder lassen sich auf wenige Punkte reduzieren:

1. Hoffentlich ist es nicht zu früh.
2. Hoffentlich infiziert sich mein Kind nicht mit einer unheilbaren Geschlechtskrankheit.
3. Hoffentlich wird unsere Tochter nicht zu früh schwanger; hoffentlich zeugt unser Sohn nicht zu früh ein Kind.
4. Leider noch immer: Hoffentlich ist unser Kind nicht homosexuell.

In Zeiten immer größerer Liberalität, vor allem auch auf dem Gebiet der Sexualität, fragen sich Eltern immer häufiger, ab wann sie aufpassen müssen. Dabei stellt sich die Frage, worauf aufzupassen sei. Eine kontinuierliche, offene und klare Sexualerziehung umfaßt Warnungen vor all den mit der Sexualität verbundenen Gefahren. Dazu gehören Warnungen vor dem sexuellen Mißbrauch ebenso wie Hinweise auf präventive Selbstschutzmaßnahmen, aber vor allem die Bemühung, möglichst alle Varianten der Sexualität zu diskutieren.

Es scheint so, als wäre der Beginn der sexuellen Aktivitäten der Kinder für alle Eltern zu früh gewählt. Es wundert also nicht, daß in Österreich bei einer Sexualstrafrechtsreform die Diskussion um das sogenannte Schutzalter das Ausmaß einer Regierungskrise annahm. Kinderschutz muß selbstverständlich immer mit dem Begriff des Opferschutzes verbunden sein. Und die Reife eines heranwachsenden Menschen muß immer an die Fähigkeit gekoppelt bleiben, Tragweiten abschätzen zu können. Dies ist auch der Grund, weshalb Gesetze den Jugendlichen vor sexuellen Übergriffen schützen sollen. Soziale Abhängigkeit unter Ausnützung eines Autoritätsverhältnisses sind ebenso unter Strafe gestellt wie jedwede Form von Nötigung oder Gewaltanwendung. Auch die Strafverfolgung eines sexuellen Übergriffs des Erwachsenen auf ein unmündiges Kind ist in unserer Gesellschaft eine selbstverständliche Rechtsnorm geworden.

Die wohl häufiger anzutreffende Problematik elterlicher Sexualerziehung liegt im Verhältnis ihrer Kinder zu gleichaltrigen Sexualpartnern. Die Kinder treten in immer jüngerem Alter in das Experimentierstadium ein und üben ihre Sexualität zu einem immer früheren Zeitpunkt ihrer emotionalen und körperlichen Entwicklung aus (Beispiel 17, Seite 126).

Erzieherische Ängste lassen sich also nur mildern, wenn frühzeitig offen, klar und deutlich mit den Kindern über Sexualität und auch über die Bedingungen, wie diese stattfinden kann und soll, gesprochen wird. So zu tun, als würde man von den Ereignissen überrascht, dann Vorwürfe an die Kinder zu richten und diesen auch noch Sanktionen folgen zu lassen, sind nicht dazu angetan, den Kindern ihren Eintritt in die Welt der Erotik und Sexualität zu erleichtern. Sie verführen die Jugendlichen zu Geheimniskrämerei und entziehen sie damit jeder Hilfe durch die Eltern.

Bis vor wenigen Jahren war die Ausübung der Sexualität noch von zwei wesentlichen Risiken begleitet: von ungewollten Schwangerschaften und von (heilbaren) Infektionskrankheiten. Diese Risiken sind heute durch die verschiedensten Verhütungsmethoden auf ein Minimum reduziert. Dafür geistert seit mehr als zehn Jahren eine neue Angst durch die Köpfe der Erwachsenen und Jugendlichen: die Angst vor der unheilbaren Krankheit AIDS. Wäre vor wenigen Jahren die Aufklärung von Zehnjährigen über Verhütungsmittel noch ein Skandal gewesen, gehören Informationen über Verhütungsmethoden heute zum Standardrepertoire jeder Sexualerziehung. So früh und so selbstverständlich wie möglich muß letztlich die Devise für diesen Bereich der Erziehung der Jugendlichen lauten. Wir können schließlich nicht wissen, wann unsere Kinder ihre ersten Intimkontakte aufnehmen.

Mag es noch so unwahrscheinlich erscheinen, daß unser eigenes Kind mit einem Aidskranken, der sich genital infiziert hat, zusammentrifft, so ist vor allem im großstädtischen Bereich die Gefahr der Spritzeninfektion bei Drogenabhängigen durchaus gegeben. Der Kreis der Menschen, in dem sich ein Jugendlicher mit Aids infizieren kann, weitet sich trotz aller medialer Beruhigungskampagnen mit rasanter Geschwindigkeit aus. War es eine Generation zuvor noch undenkbar, daß ein adoleszentes Mädchen Kondome bei sich trug, ohne gleich mit dem Prostituierten-Milieu in Verbindung gebracht zu werden, so ist der unverfängliche Umgang mit diesem wichtigen Verhütungsmittel längst zu einer Selbstverständlichkeit geworden. Über die Scheu der

Verwendung dieses Verhütungsmittels kann, soll und muß weiterhin offen gesprochen werden. Denn nur wer gut informiert ist, wird in der emotional ohnehin schon sehr belastenden Erstkontaktsituation das Kondom auch wirklich verwenden.

Durch Jahrhunderte hindurch war es eine große Tragödie, zu früh oder ledig schwanger zu werden. Über viele Generationen blieb jungen Frauen häufig nur der Selbstmord, um ihre Schande tilgen zu können. Heute ist durch eine erhöhte Selbstverantwortung und die Möglichkeit der Schwangerschaftsverhütung, aber auch durch ein höheres Maß an Toleranz gegenüber kindlichen und jugendlichen Müttern die Schmach und die gesellschaftliche Ausgrenzung, die ein schwangeres Mädchen trifft, nicht mehr so groß. Die noch immer zahlreich existierenden Mutter-Kind-Heime zeigen jedoch, daß das noch nicht allgemein gültige soziale Norm ist (Beispiel 18, Seite 126).

Es gibt eine Vielzahl von kindlichen und jugendlichen Müttern, die nicht durch Nötigung und Vergewaltigung schwanger geworden sind, sondern aus kindlicher Zuneigung, weil sie auf der Suche nach mehr Wärme, Herzlichkeit und Zärtlichkeit auf einen ebenso unerfahrenen Partner treffen. Eltern müssen zur Kenntnis nehmen, daß sie zwar glauben, ihre Kinder kontrollieren zu können, daß die Beziehungs- und Sozialstrukturen, denen sich Jugendliche unterwerfen, aber eine Eigendynamik entwickeln, die sich unserer Einflußnahme entzieht. Auf Überraschungen sollte man also in jedem Fall gefaßt sein.

Schwangerschaften von sehr jungen Mädchen wirken im ersten Moment wie eine Katastrophe. Doch viele Jugendliche sind letztlich sehr glücklich darüber und finden mit ihren Kindern einen positiven Weg in eine selbständige Zukunft. Vor allem Eltern, die der Schwangerschaft anfänglich ablehnend gegenüberstanden, werden später fürsorgliche Großeltern, die den jungen – auch alleinerziehenden – Müttern eine große Hilfe bedeuten.

Wie schon im vorigen Kapitel erwähnt, treten bei Eltern oft Schuldgefühle und Schuldkomplexe im Zusammenhang mit Homosexualität ihrer Kinder auf. Immer noch bedeutet es für viele Eltern eine Schande, ein Versagen ihrer Erziehungsbemühungen und ein soziales Handicap, wenn sie von ihren jugendlichen Kindern mit der Tatsache konfrontiert werden, daß diese homosexuell sind. Von Eltern wird dies wie ein Schicksalsschlag aufgenommen. Noch immer haben Jugendliche Angst, sich ihren Eltern anzuvertrauen, weil ihnen der Ausschluß aus dem Familienverband droht. Zahllose Familiendramen zeigen, daß ein solches Verhalten noch immer üblich ist, nicht nur auf dem Land. Selbst in ansonsten durchaus aufgeklärten Familien wird die Homosexualität als eine Perversion empfunden. Vielfach werden Versuche unternommen, Psychotherapeuten zu veranlassen, das Kind einfach in seiner sexuellen Neigung umzudrehen! Meist folgt aber die Isolation und der Ausschluß aus dem gemeinsamen Familienverband. Auch die Umgangsweise der Ausgrenzung nach dem Motto: *Dein Elternhaus steht für dich jederzeit offen, aber einen Partner deiner Neigung kannst du nicht nach Hause mitbringen!* ist gleichbedeutend mit Diskriminierung und führt letztlich zum endgültigen Abbruch der Beziehungen zwischen Eltern und Kindern.

Daß Homosexualität nicht selbstverständlich als Variante des menschlichen Zusammenlebens akzeptiert wird, zeigt sich in vielen europäischen Gesetzgebungen. Homosexuelle Jugendliche werden noch immer diskriminiert. In vielen europäischen Ländern ging man einen anderen Weg. Das Schutzalter für Mädchen mußte von 16 auf 14 Jahre reduziert werden, um gesetzlich der Realität zu entsprechen, daß Geschlechtsverkehr zwischen Erwachsenen und Minderjährigen stattfinden kann. Die Anzahl der Prozesse wegen sexueller Kontakte mit Minderjährigen, die letztlich zu Schwangerschaften führten, erreichte eine derart horrende Zahl, daß die Durchführung der darauf anzuwendenden Strafmaßnahmen in vielen Fällen entfallen mußte. Nunmehr gilt in den meisten europäischen Ländern ab dem 14. Lebensjahr Straffreiheit für Jungen und Mädchen beim Geschlechtsverkehr. Nur in Österreich gesteht man männlichen Homosexuellen die freie, selbstbestimmte Partnerwahl ab dem 14. Lebensjahr nicht zu, vermuten doch einige konservativ orientierte politische Gruppierungen, Knaben würden so zum Opfer und Spielball älterer Homosexueller, gegen die sie sich nicht zur Wehr setzen können.

Aus jugendpsychologischer Sicht ist eine Diskriminierung zwischen Mädchen und Knaben nicht logisch nachvollziehbar, da hinreichender gesetzlicher Schutz gegen Mißbrauch eines Autoritätsverhältnisses sowie gegen Nötigung und Vergewaltigung vorhanden ist. Die diskriminierende Rechtsnorm ist ja nur Ausdruck jener Verhältnisse, die in der Familie herrschen. Solange Eltern aber meinen, daß Homosexualität einer Perversion gleichkommt und die Abweichung vom gesellschaftlich akzeptierten Sexualverhalten in den Bereich des Krankhaften verwiesen wird, kann sich keine tolerante Gesellschaft entwickeln.

Es ist mir wichtig, darauf hinzuweisen, daß grundsätzlich

der Begriff Perversion für Kinder und Jugendliche einfach nicht anwendbar ist. Gerade das Jugendlichenalter zeichnet sich, aufgrund des Phantasiereichtums, der Experimentierfreudigkeit und der Suche nach geschlechtlicher Identität, dadurch aus, triebgesteuerte Phantasien nicht nur zuzulassen, sondern auch auszuleben. Immer wieder taucht in der Diskussion der Begriff der »Prägung solcher Abartigkeiten« auf. Nun ist der Begriff der Prägung der verhaltensbiologischen Wissenschaft entliehen und läßt sich auf den Jugendlichen grundsätzlich nicht anwenden. Viel wichtiger ist, der Experimentierfreudigkeit Raum zu geben und zu akzeptieren, daß die Vielfalt sexueller Phantasien nicht automatisch zu einer Fixierung führt (Beispiele 19-21, Seite 127).

Kaum jemand kann sich vorstellen, wie groß der Einfallsreichtum an Selbstbefriedigungsphantasien von Jugendlichen ist und auch der Ausführung bedarf, ohne daß deswegen Staatsanwalt oder Psychiater zur Hilfe gerufen werden müssen. Die Ängste der Eltern führen aber auch hier wieder zu Äußerungen wie: Wo haben wir versagt? So etwas ist bei uns noch nie vorgekommen! Woher hat das Kind so etwas bloß? Zur Beruhigung der Eltern sei empfohlen, sich die eigene Jugend ins Bewußtsein zu rufen und sich den Spiegel der eigenen Phantasien und Varianten gelebter Sexualität vor Augen zu halten. Nur mit vorbehaltloser Ehrlichkeit, auch vor sich selbst, läßt sich erkennen, wie variabel unsere sexuellen Vorstellungen sind. Entrüsten wir uns also nicht moralisch über Bereiche, die auch in uns vorhanden sind und oft über Jahre hinweg verdrängt wurden.

Beispiele zum Thema Sexualität

BEISPIEL 17 Ein 15jähriger Knabe wird der Vergewaltigung an fünf 13- bis 15jährigen Mädchen angeklagt. Im Laufe der Verhandlung stellt sich heraus, daß es sich weder um Nötigung noch um Vergewaltigung handelt. Die Mädchen besuchten gemeinsam und freiwillig den Jugendlichen. Es kam zu mehrmaligem Geschlechtsverkehr auf freiwilliger Basis und unter intensiver Anteilnahme der Freundinnen. Als jedoch die Sache ruchbar wurde, verschworen sich die Mädchen, aus Angst vor ihren Eltern, gegen den Jugendlichen und erfanden die Vergewaltigung.

BEISPIEL 18 Ein gerade 14 Jahre altes Mädchen entbindet einen gesunden Knaben. Es ist in den Morgenstunden alleine in seinem Zimmer und schafft die Entbindung mit einer nur geringfügigen Verletzung des Kindes. Es wickelt das Neugeborene warm ein, bringt es zuerst vor die Eingangstüre des Hauses, um es dann am Schulweg bei einer vielbesuchten Kapelle ablegen zu können. Es geht davon aus, daß das Kind dort wohl sicher gefunden wird. Das wimmernde Paket wird aber vorzeitig entdeckt. Mit großem Erstaunen nehmen die Pflegeeltern des 14jährigen Mädchens wahr, daß ihr Pflegekind vor wenigen Stunden ein Baby entbunden hatte. In der Schule ist man sehr überrascht, hatte doch das in letzter Zeit etwas stärker gewordene Mädchen noch vor einer Woche am Turnunterricht teilgenommen. Der knapp 16jährige Vater verharrt in Stillschweigen, jugendlichem Stolz und ist sehr einverstanden, als das Mädchen die Einwilligung zur Adoption des Neugeborenen gibt.

BEISPIEL 19

Ein Jugendlicher wird von der Polizei kurzzeitig festgenommen, da er im Besitz mehrerer Regenschirme ist, die aus durchsichtiger Kunststoffhaut bestehen. Diese stahl der Jugendliche in Restaurants und Caféhäusern, um sie zu Hause aufzuspannen, die Plastikhäute mit den Fingern zu durchbohren und nachfolgend die Plastikhülle für genitale Manipulationen zu verwenden.

BEISPIEL 20

Ein anderer Jugendlicher wurde in seinem Heim ausfindig gemacht, da er vom Nachbargrundstück von der Wäscheleine Damenunterwäsche stahl, diese ins Heim mitnahm und zur Masturbation benutzte.

BEISPIEL 21

Ein 15jähriger jugendlicher Künstler wird in eine Klinik gebracht, da er sadistische Tuschezeichnungen anfertigte. Die sehr naturalistischen Zeichnungen setzen die Umwelt in Erstaunen über die graphische Fertigkeit, aber auch in Unruhe über die Greuel, die auf den Bildern zu sehen waren: Kreuzigungen und genitale Verletzungen waren das Hauptsujet der Denkwelt eines Jugendlichen, der sich im akuten Suchprozeß befand.

Aggression

Über das Thema Aggression wurden so viele theoretische Abhandlungen geschrieben, daß sie ganze Bibliotheken füllen. Aggression ist ein wesentliches Überlebens- und Charakterelement des Menschen. Jeder muß lernen, damit umzugehen und sie für den eigenen Überlebenskampf verfügbar zu machen. Wesentlich zur Erfassung der Problematik ist jedoch, den nachvollziehbaren Bereichen pubertärer und adoleszenter Aggression in der Praxis auf den Grund zu gehen.

Folgt man der Medienberichterstattung, so entsteht der Eindruck, daß das Aggressionspotential der Jugend massiv zugenommen hat. Verzichtet man auf eine Analyse der vielfältigen Theorien, so läßt sich dennoch sagen, daß im Kindes- und Jugendalter ganz sicher ein Wandel zu beobachten ist. Aggression wird immer häufiger mit offener Brutalität ausgelebt. In unserer Mediengesellschaft, sei es nun im Fernsehen oder bei Videospielen, wird Gewaltverhalten immer häufiger als Problemlösungsstrategie angeboten. Zwar dürfte die Summe der Aggressions- und Gewalthandlungen gleichgeblieben sein, aber deren wachsende Brutalität muß als auffällige Verhaltensänderung verstanden werden.

Noch vor dreißig Jahren galt bei Raufereien auf Schulhöfen ein ungeschriebenes Gesetz: Wenn einer der beiden Kontrahenten auf dem Boden liegt oder sonstwie handlungsunfähig ist, so genügt ein Ausruf oder das Eingreifen eines der Zuschauer, und der Sieger läßt von seinem Opfer ab. Heute kann immer häufiger beobachtet werden, daß der

Unterlegene am Ende eines Kampfes auch noch mit Fußtritten malträtiert wird. Diese Akzentverschiebung einer über die bloße Unterwerfung hinausgehenden, extremen Gewaltanwendung zeigt letztlich ein Vernichtungspotential, das weder der Herkunftsfamilie noch dem Lebensstil unseres Kulturkreises entspricht, sondern ihre Eigendynamik entwickelt hat.

Ich will hier einige Beispiele aus meiner Erfahrung anfügen, die fernab von theoretisierender Betrachtungsweise die Denk- und Erlebniswelt in bezug auf das Aggressionsverhalten von Jugendlichen besser veranschaulichen. Ein Bereich ist die Nachahmung der sozialen Umwelt. Wen wundert es, daß ein in verbal oder tätlich aggressiver Umgebung aufgewachsener Jugendlicher die dort wahrgenommenen Verhaltensweisen kopiert, imitiert, wiederholt, anwendet und damit oft auch Erfolge erzielt? Schon im Grundschulbereich wird verglichen, wer der Erst-, Zweit- und Drittstärkste ist. Dieses Machtverhalten setzt sich in allen Phasen des Lebens fort. Mit der Unterdrückung anderer Personen erhöhen wir unser Selbstwertgefühl und unser soziales Prestige. Die Nachahmung der sozialen Umwelt findet überall statt, in der Familie, in der *Peer-group*, in der man anerkannt werden will. Ein Ergebnis dieses Imitationsverhaltens ist auch die immer wiederkehrende, entschuldigende Verteidigung: So macht es der oder die ja auch.

Ein weiterer Bereich ist ganz sicher die Suche des Schwächeren nach einem Stärkeren, der ihm den Rücken stärkt und stellvertretend für ihn agiert. Ist der Jugendliche nicht primär der Stärkere und schafft er es nicht, sich in kompensatorischer, intellektueller und rhetorischer Leistung durchzusetzen und Angriffe gegen sich selbst abzuwehren, so wird er sich einen Stärkeren suchen, der ihn verteidigt. Aufgrund seiner Verführungsbereitschaft wird er zum Anhänger dieses Menschen und seiner Ideale. Ihm arbeitet er zu, seine Gunst will er erringen, und letztlich versucht er ihn zu kopieren, wobei die Kopie noch schärfer als das ursprüngliche Leitbild reagiert, um ein Erfolgserlebnis zu erhalten.

Eine Variante, die quer durch alle Schichten zu beobachten ist, ist die Weitergabe von selbst Erlittenem. Dabei werden die von anderen an einem selbst ausgelösten Gewaltakte in einem Speicher abgelagert. Wenn die Toleranzschwelle überschritten wird, richtet sich die erlittene Qual nach außen. Sie verdichtet sich zu einem explosiven Potential von Aggression mit herabgesetzter Einsichtsfähigkeit und kommt mit der eruptiven Kraft unkontrollierter Gewalt zum Ausbruch, oft auch gegen sich selbst (Beispiel 22, Seite 133). Nur so sind Gewaltausbrüche und Amokläufe zu verstehen, von denen wir beinahe täglich in plakativer Weise von diversen Medien erfahren können. Folgt man den Lebens- und Ereignisgeschichten der Betroffenen, findet man das ungeheure erlittene Leid, das sich in Rache verdichtet hat. Mit der Tat zeigt man, daß man nicht länger der Getretene sein will.

Eine Sonderform der Aggressivität ist jenes Verhalten, das man als Selbstschutz bei fehlendem Außenschutz bezeichnen könnte. Sie betrifft den Jugendlichen, der nicht ausreichend Rückhalt in seiner unmittelbaren, engen sozialen Umgebung findet, also nicht hinreichend von den Eltern geschützt und betreut ist. Er kann sich nicht darauf verlassen, um seiner selbst willen akzeptiert, gemocht, anerkannt und gestützt zu werden. Er muß also Selbstschutzmechanismen entwickeln. In der Verteidigungsposition, in der er sich befindet, neigt er allerdings dazu, über das Ziel hinauszuschießen. Der Jugendliche baut eine präventive, also vorbeugende Kraft auf, mit der er frühzeitig, deutlich und für jedermann verständlich Signale gibt, ihn gefälligst in Ruhe zu lassen. Jede verbale Drohung eines anderen, der diese Signale mißversteht oder nicht anerkennt, mündet in eine Verstärkung dieses präventiv entwickelten Aggressionspotentials.

Das Pubertäts- und Adoleszentenalter ist nur zu verstehen, wenn man auch die Gruppendynamik begreift, der ein Jugendlicher ausgesetzt ist. Der Jugendliche kompensiert die alterstypische Minderwertigkeit durch einen Gruppenzusammenschluß. Die *Peer-group*, jene Formierung, die letztlich für alle kollektiven Aktionen verantwortlich ist, ist im Jugendlichenalter deswegen so wichtig, weil der Jugendliche sich mit den anderen solidarisch verbunden fühlt (Beispiel 23, Seite 134). Damit wird aber auch das Mitmachen zur Pflicht. Gerät also der Jugendliche in eine Gruppe, deren Standard auf aggressives Denken oder Verhalten ausgerichtet ist, wird er um der Zugehörigkeit zur Gruppe willen den Standard der Gruppe übernehmen. Dies kann zur Rangerhöhung führen, in der ein weiteres Potential liegt, noch mehr Aggression zur Gruppe beizusteuern, um selbst eine Führungsposition zu erreichen. Die Gruppe dankt es dem jeweiligen *leader,* paßt sich an, folgt ihm und versucht dann wiederum, den Führer zu entmachten, um selbst an seine Stelle zu treten. So schaukeln sich die Aggressions- und Gewaltpotentiale immer weiter auf (Beispiel 24, Seite 136).

Es ist notwendig, auch jene gar nicht so kleine Gruppe von Pubertierenden herauszustreichen, die aufgrund genetischer, erziehungsbedingter oder auch verlorengegangener Befähigung die Hemm-, Brems-, Kontroll- und Steuermechanismen nicht entwickelt oder verloren haben. Das Aussetzen dieser Impulskontrolle kann durch Hyperaktivität, Teilleistungsstörungen in der Wahrnehmung, Verarbeitungsstörungen durch Reizüberflutung oder mangelnde Koordination vorhandener Reize entstehen. Diese Jugendlichen stehen ihren Impulsen nicht nur hilflos gegenüber, sondern sind ihnen völlig ungesteuert ausgesetzt. Sie verstehen die Umwelt nicht, die einwirkend, ordnend und korrigierend eingreifen will, da sie lediglich ihren Impulsen folgen. Diese, aber wirklich nur diese Gruppe bedarf letztlich auch der professionellen Hilfe durch klinische Psychologen und Psychiater.

Faßt man all diese Gedanken zusammen, so müssen sich Eltern fragen, ob das Kind die Aggression einsetzt, um mitzuteilen: Hier bin ich, ich bin existent, und ich sende euch einen Beweis meiner Existenz. Oder will es beweisen, wie stark es ist: Seht her, so stark bin ich! Ich habe allen Mut zusammengefaßt, um mich gegen die Welt, und sei sie noch so feindlich, durchzusetzen. Die Botschaft kann auch lauten: Jetzt zeige ich es euch allen! Übersetzt bedeutet das nichts anderes als: Ich nehme Rache an allem, was ihr mir angetan habt. Ich bin bereit, mich gegen alles und jedes zu wehren, auch wenn es mich mein letztes Stück Selbstachtung kostet. Auch die Verteidigungsstrategie: Ich erhöhe mich selbst, indem ich zeige, daß ich gegen alle Widerstände erfolgreich bin! mag uns Eltern zum Nachdenken anregen. Schließlich sind diese Reaktionen häufig gegen elterliche Forderungen gerichtet, die von Pubertierenden kognitiv nicht verstanden und akzeptiert werden können. Das Leben eines Jugendlichen besteht aus permanentem Maßnehmen. Um festzustellen, wie stark er ist, bedarf es einer Maßeinheit. Gewaltakte und die beim Gegenüber ausgelösten Angstreaktionen sind handfeste und nachvollziehbare Maßeinheiten.

Bleibt zuletzt noch die Bestärkung des eigenen Denkens, Fühlens, Wollens und Handelns im Sinne von: Ich bin stärker als mein mahnendes Gewissen! Gerade das Jugendalter verleitet dazu, das eigene Gewissen, das in der moralischen Urteilsfähigkeit noch nicht gesichert ist, mit aggressivem Verhalten zu übertönen. Aggression ist ein perfekter Motor bei mangelndem Selbstwertgefühl und zur Selbstbehauptung gegenüber der Umwelt.

Beispiele zum Thema Aggression

BEISPIEL 22

Ein 16jähriges Mädchen wird mit tiefen Schnittverletzungen an beiden Unterarmen in die Unfallstation eingeliefert. Die Chirurgen vermuten einen Suizidversuch. Es erfolgt eine Überweisung in die kinderpsychiatrische Station. An den Narben beider Unterarme zeigt sich, daß es sich bei diesem Vorgehen um keinen Erstversuch handelt. Es begann mit einfachem Hauteinritzen mittels einer Zirkelspitze, um sich Schmerz zuzufügen. Dieser Schmerzzustand mußte mehr und mehr gesteigert werden. Das Mädchen gesteht, daß jeder Schnitt zwar Schmerz, gleichzeitig aber auch angenehme, lustvolle Gefühle nach sich zieht. Die Verletzungen nehmen immer größere Ausmaße an. Schließlich wird aus einem Schnitt eine Anzahl von parallelgeführten Verletzungen am Unterarm. Zwanghaft muß die Handlung wiederholt, der Schmerz intensiver gestaltet und die zeitliche Frequenz gesteigert werden. Auf die Befragung nach dem Sinn und Zweck der Handlung und ob das Mädchen denn nicht mehr weiterleben wolle, erhält der behandelnde Arzt die Antwort: Leben möchte ich schon, ich finde allerdings keinen Sinn im Leben. Nach der Tat fühle ich mich erleichtert und froh.

Die Untersuchung bringt einen sexuellen Mißbrauch innerhalb der Familie ans Tageslicht. Der Stiefvater hat sich unter Drohungen, aber ohne grobe Gewaltanwendung an dem Mädchen sexuell vergangen. Schließlich konnte das Mädchen dem inneren Druck nicht mehr standhalten und begann mit seinen autoaggressiven Handlungen.

Wiederum gilt es, die Aktionssprache eines Jugendlichen in die Botschaft zu übersetzen, die da lautet: Ich bin Leid gewohnt, ich muß mir Leid zufügen. Ich habe mich durch die an mir begangenen Mißbrauchshandlungen schuldig gemacht. Ich muß mich für diese Handlungen selbst bestrafen. Ich richte Aggression gegen mich selbst, jedoch nicht die maximale des Selbstmordes, sondern jene der Schmerzlust. Diese schädigt und verstümmelt mich zwar, aber mein Leben wird dadurch erträglicher.

BEISPIEL 23 Vier männliche Jugendliche werden in Untersuchungshaft genommen. Sie haben nach einem verlorenen Fußballspiel ihrer Lieblingsmannschaft ein halbes Dutzend Autos grob beschädigt und mehrere Jugendliche krankenhausreif geschlagen. Festgenommen werden sie, als sie eine Schaufensterscheibe zertrümmern. Drei der Jugendlichen entsprechen dem klassischen Bild von Glatzköpfigkeit mit brutal-bockigem Gesichtsausdruck, völlig heruntergekommener Kleidung, hohen Lederstiefeln und armierten Lederreifen an den Unterarmen. Einer von ihnen entspricht allerdings optisch gar nicht diesem Bild, bezeichnet sich bei der ersten Einvernahme jedoch als Hooligan, als Fan jener Fußballmannschaft, die verloren hat. Er berichtet über das hohe Verführungspotential, das darin bestand, nicht nur mitzumachen, sondern sich als Stärkerer zu fühlen. Es fallen Sätze wie: Die Macht war auf unserer Seite. Mitgehangen, mitgefangen! Gleichsam von Stolz erfüllt, berichtet der Jugendliche, daß er akzeptiert und eingebunden war. In der Straßenschlacht stand er auf der Seite der Stärkeren. Das durch dieses Verhalten aufgerüstete Selbstwertgefühl erreicht einen Grad von Stolz, der auch den routinierten Jugendpsychiater mit Schreck erfüllt. Vergleicht man den beschriebenen Jugendlichen mit den drei anderen Verhafteten, so klafft die intellektuelle und soziale Welt weit auseinander, und es scheint schier unvorstellbar, wie der bürgerlich sozialisierte Jugendliche zu einem solchen Übersprung überhaupt imstande war.

Bei einer länger andauernden Analyse im Rahmen der vom Gericht angeordneten psychotherapeutischen Behandlung zeigt sich folgendes: Der Jugendliche war immer unter autoritärem Druck gestanden, hatte sich weder gegen Eltern noch Lehrer je durchsetzen können. Er sei oftmals wegen seiner körperlichen Schwäche und seiner sportlichen Ungeschicklichkeit gehänselt worden. Er habe sich vom Kindergartenalter an auch niemals in seiner gleichaltrigen Gruppe durchsetzen können und sei emotional in seiner Familie als fünftes Rad am Wagen mitgelaufen. Dadurch fiel er auch nie auf und erschien im Elternhaus als problemlos. In der Gewaltaktion habe er endlich einen Akt der Selbstbefreiung gesetzt, wie er selbst es nannte.

BEISPIEL 24 Vor dem Jugendgericht stehen drei Jugendliche im 15. und 16. Lebensjahr. Sie werden der schweren Körperverletzung beschuldigt. Was war geschehen?

An einem Samstagnachmittag sitzen die drei bei einem Jugendtreffpunkt einer Kleinstadt zusammen. Ohne Einfluß von Alkohol oder Drogen lädt sich die Gruppe bei heftigen Diskussionen und Flirts emotional auf. Aus scherzhaftem Übermut bewerfen sie verschiedene Ziele im Park mit Steinen. Plötzlich kommt es zur Übersprungshandlung: Sie zerstören eine Parkbank, später auch noch eine zweite. Ein Jugendlicher will dem anderen seine Kräfte beweisen, indem er die Bretter der Bank herausreißt. Von dieser Tat ermutigt, schlagen die drei in der Umgebung des Parks auf mehrere Verkehrszeichen ein und demolieren sie. Plötzlich kommt einer der Jugendlichen auf die Idee, sich Geld zu beschaffen. Ein alter Mann im Park wird angepöbelt, er möge sein Geld herausrücken. Der alte Mann verwahrt sich gegen die Angriffe und wünscht die Jugendlichen zum Teufel. Dies ist für die Jugendlichen ein Angriffssignal. Sie stoßen den alten Mann nieder und treten mit den Füßen auf ihn ein. Noch immer versucht einer den anderen zu übertrumpfen. Schließlich bleibt der alte Mann schwerstverletzt liegen. Die Jugendlichen werden ermittelt, angezeigt, in Untersuchungshaft genommen und verurteilt.

Jugendliche in der Krise

Das Jugendlichenalter wird in der Umgangssprache auch gerne als Krisenalter bezeichnet, kommt es doch zur kompletten Umstrukturierung der Persönlichkeit. Zur sogenannten normativen Krise (der Verwandlung vom Kind zum Erwachsenen) kommen auch noch akute Krisen hinzu, die durch verschiedene Erlebnisse und Ereignisse ausgelöst werden. Der Jugendliche ist in dieser Zeit aber aufgrund seiner ungefestigten Persönlichkeitsstruktur wenig dagegen gewappnet und verfügt nur über geringe Abwehrmechanismen gegenüber psychischen Belastungen. Er ist in der Krise hilflos, ineffizient im Handeln und nimmt Bedrohung und Gefahr nicht wahr. Er ist somit verwundbarer und abwehrgeschwächter, als man es von ihm, der gerne großspurig auftritt, erwarten würde. Prophylaktische Hilfe gegen eine Krise gibt es praktisch nicht, so daß Eltern dieser Zeit bang entgegensehen.

Was bedeutet die Krisensituation für das Zusammenleben der Eltern mit einem Pubertierenden? Die Krise tritt immer und überall, vor allem aber unvermutet und unverhofft, gleichsam aus heiterem Himmel, ein und ist häufig für die Erwachsenen sowohl im Inhalt als auch in der Wucht der Erschütterung nicht nachvollziehbar. Auslöser für eine solche Krise können sein: eine abfällige Bemerkung einer Freundin, ein Blick in den Spiegel und die Entdeckung eines neuen Pickels im Gesicht, der unerwartete Mißerfolg in der

Schule, die scheinbare Verschwörung von Freunden gegen einen selbst, vermeintlicher oder realer Liebeskummer, der Verlust eines geliebten Gegenstandes, eine rasche Änderung innerfamiliärer Pläne oder eine geringfügige Abweichung herkömmlicher Gewohnheiten und Normen. Jugendliche reagieren auf solche Ereignisse umgehend, heftig und emotional, so daß sie, vom eigenen Stimmungswechsel völlig überrascht, selbst nicht mehr handeln und mit sich umgehen können.

Dieser rasche Wechsel – himmelhoch jauchzend oder zu Tode betrübt – kann auch von der Umwelt schwer nachvollzogen werden. Zudem wird angebotene Hilfe verschmäht, als sinn- und nutzlos abgetan, der Jugendliche gleicht in seiner Not einem führungslosen, herumschlingernden Schiff. Die sonst bereits erreichte soziale Kompetenz verliert sich in Planlosigkeit, Leerlaufhandlungen und mangelnden Handlungsspielräumen. Rückzug, Apathie und Trauerreaktionen sind die Folge. Vor allem wird die Krise als eine bedrohliche Gefahr erlebt, gegen die kein Mittel zu wirken scheint.

Zur Bewältigung einer solchen Krise gehört der Totstellreflex ebenso wie Suizidphantasien. Der Jugendliche will einfach nicht mehr sein. Die empfundene Hilflosigkeit verhindert, Hilfe von außen überhaupt zu sehen geschweige denn annehmen zu können. Die Dialogfähigkeit des Jugendlichen ist zu diesem Zeitpunkt ebenso eingeschränkt. Bereits erlernte soziale Kompetenzen sind nicht mehr verfügbar, so daß die herkömmlichen Strategien, den Kriseninhalt und -auslöser zu bewältigen, zu verschieben, zu verleugnen oder zu sublimieren, nicht mehr gelingen können.

Führt man sich dieses Szenarium als Eltern vor Augen, so

verspürt man zuallererst Mitleid und dann natürlich das Bedürfnis, dem Jugendlichen zu helfen. Diese Hilfsangebote werden aber meistens nicht angenommen, was wiederum zu Ärger und Wut bei den Eltern darüber führt, daß ein scheinbar banaler Konfliktpunkt so eine existenzielle Krise auslösen kann. Schließlich ergeben sie sich der Resignation: Wenn sich einer nicht helfen lassen will, dann eben nicht! Sie wollen sich ihre Niederlage nicht eingestehen und schieben die Schuld für ihr Versagen auf das Kind.

Eltern haben stets das Bedürfnis, ihren Kindern Schutz zu gewähren, alles und jedes abwehren zu wollen, was das Kind belasten oder kränken könnte. In dieser schützenden Haltung liegen allerdings erzieherische Stärke und hilfloses Ausgeliefertsein sowie das Gefühl der Unfähigkeit dicht beieinander. Auch die Versicherung, das Kind könne sich immer und jederzeit den Eltern anvertrauen, nützt in der Krisensituation nichts. Drängt man sich zu intensiv auf, so bekommt man Wutausbrüche zur Antwort. Hilft man halbherzig, wird man dafür beschimpft. Ignoriert man die Krise, erntet man erst recht Zorn beim Jugendlichen. Hier wäre es notwendig, ein Sicherheitsnetz zu knüpfen, in dem das Kind einerseits sich selbst überlassen werden kann und andererseits signalisiert wird: Du kannst dich jederzeit an mich wenden.

Angst haben Eltern auch vor einer Eskalation, also der Steigerung der Krise in den alterstypischen Trotz, der dem frühkindlichen sehr ähnlich ist. Sprachliche Ressourcen werden dann nicht mehr genützt, es herrscht nur noch ohnmächtige Wut, und es droht der totale Abbruch des zwischenmenschlichen Kontakts. Die Tragweite einer solchen Situation ist schwer abschätzbar, und der ungewisse Ausgang macht angst. Schon Stunden nach solch einem Ausbruch kann zwar alles schon wieder eitel Wonne sein, aber auch ein dramatischer Ausgang bleibt weiter im Bereich des Möglichen. In dieser unsicheren Situation hört man als Fachmann oft den Hilferuf: Gebt mir ein Patentrezept! Wie sieht der Schlüssel zur Seele meines Kindes aus? Was mache ich nur falsch? Ich will ja helfen, aber das Kind versteht micht nicht. So wird der Helfer selbst zu dem, der Hilfe braucht.

Jugend ohne Arbeit

Kaum etwas ertragen Eltern schwerer, als wenn ihre Kinder in eine hoffnungslose Situation geraten. Eine solche stellt in höchstem Maße die Jugendarbeitslosigkeit dar. Die sozioökonomische Struktur der letzten Jahre hat das Gespenst der Jugendarbeitslosigkeit immer klarer und deutlicher gemacht und in der Zwischenzeit alle sozialen Schichten erreicht.

In einer leistungsbezogenen Gesellschaft, die Konsum zum höchsten Ideal erhebt, gehört Erwerbsfähigkeit selbstverständlich zu einem höchst anstrebenswerten Gut. Um dies zu erreichen, werden Kinder von früh an, je nach sozialer Schicht, dazu angehalten, dieses soziale Ziel bestmöglich zu erreichen. Die Zugangswege sind unterschiedlich, sei es durch Lerndruck oder Protektionismus. In jedem Fall ist Arbeit als Gut der Antipode zu Resignation und Fatalismus. Gerade in der Pubertät aber paart sich die kritische Beobachtungsfähigkeit des Jugendlichen gegenüber der Erwachsenenwelt mit Gleichgültigkeit, mangelndem Arbeitswillen und rasch eintretender Resignation, wenn aus altersgemäßen Minderwertigkeitsgefühlen Negativbilanzen gezogen werden.

Die internationale Situation mit ihrer Teilung in Erste, Zweite und Dritte Welt, die High-Tech-Revolution auf dem Sektor der elektronischen Datenverarbeitung, die Netzwerkdatensysteme, die bisher traditionell heimische Arbeit in Dritte-Welt-Länder kostengünstig auslagert, die Tragik von Kinderarbeit und Billigstleistung in wenig entwickelten

Ländern führen zu einem Umbruch. All diese Umstände sind Eltern bekannt, weshalb sie analog zur Leistungsspirale noch stärker auf ihre Kinder einwirken, doch erfolgreich zu sein.

Erfolg wird heute längst nicht mehr daran gemessen, ob jemand besser ist oder einen anderen gar überflügelt, sondern vielmehr, ob jemand überhaupt Arbeit hat. Das Recht auf Arbeit wird zum heiß diskutierten Paradigma der angestammten Menschenrechte. In dieser Atmosphäre soll nun der Jugendliche in einer seiner kritischsten Lebensphasen schwerwiegende Entscheidungen treffen. Etwa die Entscheidung, den Schulbesuch fortzusetzen oder gleich einen Beruf zu ergreifen. Oder die Entscheidung, die Reifeprüfung abzulegen und nachher zu studieren oder gleich eine berufsbildende Schule zu besuchen, die möglicherweise eine bessere Ausgangsposition für die Zukunft darstellt. Daneben steht die starke soziale Diskriminierung dienender Berufe mit geringem Sozialprestige, die ausgelagert werden und an Fremdarbeiter delegiert werden sollen. Hinter den Begriffen wie Qualitätskontrolle und Qualitätssicherung – Modebegriffe der neunziger Jahre – steht der Rationalisierungsgedanke, der noch mehr Druck erzeugt und vorgibt, nur dem Allerbesten eine Chance zu geben.

Wie geht es wohl einem Jugendlichen, dem einerseits erklärt wird, daß die 35-Stunden-Woche in greifbare Nähe gerückt ist, der von Kurzzeit- und Teilzeitarbeitsmodellen überflutet wird, dessen Eltern froh sind, wenigstens stundenweise Arbeit zu haben, der aber andererseits mit Werbeangeboten einer Freizeitindustrie überhäuft wird, die schließlich gutes Geld kosten, das verdient werden will? Entsteht hier nicht eine gefährliche Diskrepanz zwischen

Angebot, Wunsch und unerfüllbarer Bedürfnisbefriedigung? Erscheint es da nicht verführerisch, in eine Schattenwirtschaft auszuweichen, in der dem Jugendlichen vorgegaukelt wird, es wäre möglich, brutto für netto zu arbeiten?

Unter all diesen grob skizzierten Bedingungen erscheint Arbeit als erstrebenswertes Ziel, das bisweilen unerreichbar ist und so ein hohes Konfliktpotential zwischen Eltern und Kindern birgt. Wer kennt sie nicht, die Lehrsätze: *Wer nicht arbeitet, soll auch nicht essen; Nur wenn du lernst, erreichst du etwas; Müßiggang ist aller Laster Anfang* oder *Nur die Besten kommen durch.*

Wie gestaltet sich ein Konflikt zwischen Eltern und Kindern unter diesen Aspekten? Was passiert, wenn Kinder die an sie gerichteten Forderungen zwar gerne erfüllten, es aber nicht können, wenn ein Jugendlicher keinen Arbeitsplatz findet oder in der Schule versagt und seine Eltern ihn zu allem Übel auch noch mit ihrer vorgefaßten Meinung konfrontieren: *Du siehst ja, wo du hingekommen bist. Schließlich haben wir dir ja immer gesagt, daß du mehr leisten mußt!* Besonders heikel wird der Konflikt, wenn sich Forderungen der Eltern als leere Worthülsen herausstellen, weil die Eltern jene Leistungen, die sie von ihren Kindern fordern, selbst nicht erfüllt haben.

Jugendarbeitslosigkeit birgt größte soziale Gefahren in sich. Es kann nicht deutlich genug hervorgehoben werden, daß alle in einer sozialen Gemeinschaft vorhandenen Kräfte dazu genutzt werden müssen, Jugendliche in einen Arbeitsprozeß zu integrieren. Keine Arbeit zu haben setzt nicht nur Kräfte von unbeschäftigten und nicht ausgelasteten Jugendlichen frei, es fördert auch ihr Aggressionspotential. Die Gesellschaft wird als Feind geortet, der für die Lage des

Jugendlichen verantwortlich gemacht wird – eine Situation, die aufwiegelnde Führerfiguren auf den Plan ruft und radikalen Ideen leichtes Spiel macht. Arbeitslose Jugendliche sind anfällig für Rebellion, Aufstand, Kriminalität, Terror und Massengewalt. Die Ängste der Eltern vor einer solchen Entwicklung sind also berechtigt, nicht zuletzt, weil diese Phänomene nicht primär erziehungsbedingt sind. Alle sozialpolitisch bewußten Menschen sind deshalb zum Handeln aufgerufen.

Beispiele zum Thema Jugend ohne Arbeit

BEISPIEL 25 Erich ist heute 25 Jahre alt und gilt als ewiger Student. Die wenigen Prüfungen, die er in seinem bisherigen Architekturstudium bestanden hat, waren sogenannte Nebenprüfungen. Erich ist aber ein begabter junger Erwachsener. Er entstammt dem Mittelstandsmilieu, der Vater ist Akademiker, beide Eltern sind erfolgreich und anerkannt. Trotzdem hörte der Sohn, ein Einzelkind, zeit seines Lebens von seinem Vater, wie lästig, ja widerlich ihm seine Arbeit sei, wie erschöpft er jeden Tag nach Hause komme und wie sehr ihm sämtliche Menschen, denen er tagsüber begegnet, auf die Nerven gingen. Niemals hörte der Sohn ein positives Echo auf die erfolgreiche und wohldotierte Arbeit seines Vaters. Arbeit an sich wird ihm als Greuel dargestellt. Erichs Einstellung zum Studium und allem, was dann folgt, ist dementsprechend.

BEISPIEL 26 Hans kommt ebenfalls aus dem Mittelstandsmilieu. Sein Vater führt eine gutgehende Kanzlei. Hans ist der zweitgeborene von drei Söhnen. Der ältere

Bruder ist erfolgreich in seinem Beruf und wird dem jüngeren immer wieder als mahnendes Beispiel vorgehalten. Obwohl Hans intellektuell durchaus befähigt ist, bricht er das Gymnasium mangels Erfolgen ab, versucht es an einer berufsbildenden Schule, scheitert aber auch dort. Nun wird ein Lehrberuf gesucht, der aber aufgrund des sozialen Status zumindest ein »Weißmantelberuf« sein soll. Die begonnene Optikerlehre wird allerdings auch abgebrochen. Hans versucht es zweimal mit Auslandsaufenthalten, um wenigstens mit zwei Fremdsprachen ausgerüstet zu sein, diesmal scheitert es jedoch an seinem Verhalten bei den jeweiligen Gastfamilien.

Nun ist der Jugendliche bereits seit drei Jahren ohne Beschäftigung und Beruf. Die emotionale Spannung innerhalb der Familie steigt zunehmend, es besteht sogar die Gefahr, daß die Familie an der Erfolglosigkeit des jüngsten Sohnes zerbricht.

BEISPIEL 27

Sophie, gerade 17 Jahre alt, tut sich von Anfang an in der Schule schwer. Mit viel Fleiß und enormen Bemühungen der Eltern schafft das Mädchen den Hauptschulabschluß. Aufgrund seiner körperlichen und sozialen Unreife soll das Mädchen erst einmal eine Haushaltsschule besuchen. Danach möchte Sophie eine Friseurlehre machen. Wegen einer Allergie gegen Haarfärbemittel muß das Mädchen aber einen anderen Berufsweg einschlagen. Die nächste Lehre als Verkäuferin scheitert an ihrer mangelnden Flexibilität.

Die Stimmung im Elternhaus richtet sich zunehmend gegen das Mädchen. Nach einem Selbstmordversuch Sophies wird sie in einer Wohngemeinschaft untergebracht. In dieser Gemeinschaft verliert das Mädchen jeden Halt, verkehrt in einem Kreis von Spielern, treibt sich hauptsächlich in Spielhallen herum und gerät schließlich auf die schiefe Bahn.

Verwahrlosung

Eine zentrale Angst der Eltern im Zusammenhang mit jugendlichen Krisen ist jene vor der Verwahrlosung ihrer Kinder. Dabei wird zwischen Mangel- und Luxusverwahrlosung unterschieden. Mit dieser Terminologie ist bereits angedeutet, daß jede Gesellschaftsschicht auf andere Weise von diesem Phänomen betroffen sein kann. Verwahrlosung bedeutet, daß dem Kind zwar hinreichend Zuwendung für die körperliche Erziehung gegeben wurde, daß aber die anderen Bereiche kindlicher Entwicklung, nämlich Intellektualität, Emotionalität und Sozialisation, nicht hinreichend beachtet wurden. Entrüstet weist die bürgerliche Schicht den Vorwurf von sich, sie würde ihr Kind der Mangelverwahrlosung ausliefern. Man hat ja schließlich ausreichend Geld in das Kind investiert, ihm beinahe alles ermöglicht. Es muß also wohl kaum Mangel leiden. Jene Familien, die tatsächlich Mangel an ökonomischen Ressourcen haben, weisen wiederum darauf hin, sie hätten sich liebevoll um ihre Kinder gekümmert, sie wüßten daher überhaupt nicht, weshalb diese die sozialen Spielregeln der Gesellschaft nicht akzeptieren und einhalten würden.

Bei Verwahrlosung im Jugendlichenalter kann man das Phänomen beobachten, daß der Jugendliche seinen Wünschen, Bedürfnissen und Trieben völlig unkontrolliert nachgibt. Er lebt in den Tag hinein, hat mangelnde Hemm-, Brems-, Kontroll- und Steuermechanismen, er sieht das soziale Leben als nach seinen Bedürfnissen manipulierbar an und die Erwachsenen als seine Geldgeber. Daß dies nicht um jeden Preis legal zugehen muß, wird vom Verwahrlosten gar nicht bestritten. Er vermeint vielmehr, die Welt an sich stehe ihm zur Verfügung. Der Einsatz der Moral gilt nur für die anderen, man selbst lebt nach Lust und Laune, nach dem momentanen Einfall in den Tag hinein und übertritt die gesetzten Grenzen wie selbstverständlich. Denn Bedürfnisse können nicht aufgeschoben, sie müssen sofort erfüllt werden (Beispiel 28, Seite 152).

Wie schon bei anderen Beispielen in diesem Buch werden auch hier viele Leser mit Abwehr reagieren. Sie werden ihre Verantwortung zurückweisen und sagen: *Mein Kind ist doch nicht verwahrlost. Das hier beschriebene Milieu hat mit uns nichts zu tun.* Mit aller Deutlichkeit möchte ich hier entgegenhalten, daß die Jugendlichen sich sehr wohl in diesem Milieu herumtreiben. Es ist das Milieu alleinerziehender Eltern, von jenen, die intensiv im Beruf stehen, die für das ökonomische Überleben der Familie sorgen müssen und daher keine Zeit für die Erziehung, vor allem aber keine Zeit für die Befindlichkeit ihres Kindes haben (Beispiel 29, Seite 153).

Denken wir doch einmal darüber nach, ob wir unsere Kinder wirklich wahrnehmen. Wissen wir um ihre Bedürfnisse, oder wollen wir uns von diesen nicht einfach loskaufen, wenn sie lästig werden und immer wieder Forderungen an uns stellen? Greifen wir da nicht einfach in die Geldbörse und befriedigen ihre Konsumbedürfnisse, um damit unsere Ruhe zu haben? Testen wir uns zwischendurch selbst: Wann haben wir zuletzt am Gesichtsausdruck oder an der Gestik unseres Kindes erkannt, daß eine Schularbeit mißlungen ist, bevor es uns selbst seine Note mitteilte? Oder wissen wir, welcher Liebeskummer unser pubertierendes Kind plagt und wer den Kummer ausgelöst hat oder wer das Objekt seiner Sehnsucht ist? Reagieren wir nicht eher mit Sätzen wie: *Das Kind spinnt halt wieder einmal, das ist doch in diesem Alter ganz normal.*

Die Not eines Kindes läßt sich aber vor allem an psychischen Veränderungen feststellen. Die nichtsprachliche Ausdrucksfähigkeit hilft uns, dem Leid des Kindes, das sich der Kommunikation verweigert, auf die Spur zu kommen. Bei solcher Prüfung müssen wir erkennen, daß es nicht unberechtigt ist, Ängste über den Entwicklungsstand und den Zustand unseres Kindes zu haben. Wir wissen nun einmal erstaunlich wenig über das emotional-soziale Gefüge des Kindes. Da mögen sich zwar jene Eltern die Hände reiben, die über alle Handlungen ihrer Kinder Kontrolle ausüben, aber gerade deshalb auch zur emotionalen Verwahrlosung beitragen. Sie lassen dem Kind keinen Frei- und Spielraum mehr. Diese Kontrolle und Überfürsorge kann ebenfalls zur Verwahrlosung führen, weil das Kind sich abschotten muß, um seine eigene Identität zu entwickeln. Oft wird damit am Kind vorbei erzogen. Reinhart Lempp, ein prominenter deutscher Kinderpsychiater, hat von der Schädigung durch Schonung gesprochen. Ich wage dies zu erweitern: Werden wir uns auch der Schädigung durch Verwöhnung bewußt. Hier gilt es klare Richtlinien gegen eine Erziehung zu setzen, die den Weg des geringsten Widerstandes geht.

Ein mit Verwahrlosung oft assoziiertes Phänomen ist der sich verändernde Umgangston der Kinder, den die Eltern zumeist unmöglich finden. Mit dem neu erwachten Selbstbewußtsein, mit dem Gefühl, die Welt gehöre dem Pubertierenden, ändert sich der Ton, den er im Elternhaus anschlägt. Bei Geschwistern untereinander und am Spielplatz fällt auf, daß sich der Ton radikalisiert, Schimpfworte werden häufiger, und sie fallen derber und deftiger aus. Die Jugendsprache deutet gängige Begriffe durch eigene Formulierungen um. So gewinnen etwa Worte wie *urcool* und *supergeil* durch häufige Wiederholung einen anderen Bedeutungssinn. Mit zunehmender Radikalisierung der Sprache steigen die elterlichen Ängste, daß ihr Kind mit dieser Sprache wohl nirgends gern gesehen und nirgends bestehen würde. Zum Trost an alle Eltern kann in diesem Zusammenhang gesagt werden, daß die Ausdrucksweise innerhalb und außerhalb der Familie höchst unterschiedlich ist. Hören Eltern mit Schamesröte die deftigen bis ordinären Ausdrücke ihrer Kinder zu Hause, so würden sie sich wundern, wie angepaßt und mit Bedacht dieselben Jugendlichen als Gast bei Fremden ihre Worte wählen.

Die Radikalisierung der Sprache innerhalb der Familie ist kein Zufall. Die Worte der Jugend sind durchaus der alltäglichen Sprachkultur (Politik, Film, Theater, Musik) entnommen, sie werden also im Sinne des Imitationsverhaltens erlernt und dann auch angewendet. Da können schon einmal harte Worte auch gegen Eltern fallen. Erwachsene, die hier nicht weltfremd sind, können diese Ausdrucksformen durchaus einschätzen und auf Entschuldigungen des Jugendlichen verzichten. Die Aufforderung, sich wenigstens zu Hause zu benehmen, wird ohnehin mit Hohn und Spott bedacht.

Das alles ist nicht neu. Jugendliche haben sich immer radikal gezeigt. In der gesamten Geschichte war es überwiegend die Jugend, die Unruhen inszeniert und auch darauffolgende gesellschaftliche Veränderungen in die Wege geleitet hat.. Studentenproteste wie jene in den Jahren um

1968 in Europa haben Geschichte geschrieben. Den Eltern zum Trost sei hier ein Zitat von Sokrates genannt, das schon über 2500 Jahre alt ist:

»Wenn Väter ihre Kinder einfach gewähren und laufen lassen, wie sie wollen, und sich vor ihren erwachsenen Kindern geradezu fürchten, wenn Söhne schon sein wollen wie die Väter, also ihre Eltern weder scheuen noch fürchten, noch sich um ihre Worte kümmern, sich nichts mehr sagen lassen wollen, um ja recht erwachsen und selbständig zu erscheinen, wenn Lehrer vor ihren Kindern und Schülern zittern und ihnen lieber schmeicheln, statt sie sicher, mit starker Hand auf einen geraden Weg zu führen, so daß sich diese Schüler aus solchen Lehrern nichts mehr machen, wenn es überhaupt schon so weit ist, daß sich die Jüngeren den Älteren gleichstellen, ja gegen sie auftreten in Wort und Tat, die Älteren sich aber unter die Jungen setzen, um sich ihnen gefällig zu machen, indem sie ihre Albernheiten übersehen oder gar daran teilnehmen, damit sie ja nicht den Anschein erwecken, als seien sie Spielverderber oder gar auf Autorität versessen: Wenn auf diese Weise die Jungen allmählich aufsässig werden und sich alsbald verletzt fühlen, wenn ihnen jemand den geringsten Zwang antun will, wenn sie am Ende dann die Gesetze verachten, um nur ja keinen Gebieter über sich zu haben, so führt dieser Mißbrauch der Freiheit und der Demokratie geradewegs in die Knechtschaft der Tyrannis.«

Beispiele zum Thema Verwahrlosung

BEISPIEL 28 Ein 15jähriges Mädchen kommt in eine Sozialberatungsstelle. Es wurde bei einer Hotelrazzia in einem Luxushotel mit einem über 50jährigen Mann aufgefunden. Da es bereits einmal unter dem Verdacht der Geheimprostitution stand, werden sozialpädagogische Maßnahmen erwogen.

Das Mädchen entstammt der Mittelschicht. Als das Mädchen acht Jahre alt ist, trennt sich der Vater von der Familie und kommt nur mehr seiner Alimentationspflicht nach. Die anfänglichen Schulerfolge des Mädchens sind bis zum 11. Lebensjahr zufriedenstellend, dann beginnen die Schwierigkeiten: Es kommt verspätet nach Hause, erfüllt Aufträge der Mutter nicht mehr und stiehlt aus deren Geldbörse. Mit zwölf Jahren beginnt es regelmäßig zu rauchen und Alkohol zu trinken. Es streunt herum und hat sehr frühe Sexualkontakte zu Gleichaltrigen. Die Mutter sucht Hilfe bei Sozialberatungsstellen, kann allerdings die dort auferlegte Verpflichtung, öfter für die Tochter dazusein, nicht erfüllen. Hausbesuche von Sozialarbeitern führen zu immer gleichlautenden Berichten: Die Wohnung, das Interieur und Ambiente sind sauber, ordentlich und zufriedenstellend, nur das Mädchen funktioniert nicht. Ein Schulleistungsknick erfolgt mit dem 13. Lebensjahr. Und schließlich berichten die Gleichaltrigen von ihrer Schulkameradin, sie würde es mit alten Männern treiben.

Als die Mutter das Mädchen im Polizei-Kommissariat auslöst, fällt sie aus allen Wolken, als sie den Lebenswandel ihrer Tochter in vollem Ausmaß erfaßt. Das Mädchen wird in Sozialtherapie genommen. Diese ergibt, daß es eine tiefe

Sehnsucht nach dem abwesenden Vater hat, daß ihm Liebe, Wärme, Zuneigung von einer väterlichen Bezugsperson fehlen. Die flüchtigen Männerbekanntschaften zielen auf eine schnelle Bedürfnisbefriedigung ab. Da muß nichts aufgeschoben werden, emotionale Zuwendung wird vorgetäuscht, und Konsumwünsche können nun rasch erfüllt werden. Geld spielt scheinbar keine Rolle. Die Summen, die es durch seinen körperlichen Einsatz verdient, sind allerdings in einem normalen 40-Stunden-Job nicht zu erwirtschaften. Es hat daher kein Interesse, sich ins Berufsleben einzugliedern. Den Preis dafür bezahlt das Mädchen mit seinem radikalen sozialen Abstieg.

BEISPIEL 29

Ein körperlich schlecht aussehender Vierzehnjähriger kommt in eine psychosomatische Ambulanz. Es besteht der Verdacht der seltenen Form männlicher Pubertätsmagersucht. Bei der Anamnese stellt sich heraus, daß der Jugendliche zwei- bis dreimal in der Woche heftig erbricht. Seit längerer Zeit führt er einen ungeregelten Lebenswandel, raucht regelmäßig, auch Haschisch. Mit einer Alkoholvergiftung wurde er bereits einmal ins Krankenhaus eingeliefert. Dieses Ereignis wird von der Mutter allerdings bagatellisiert: Es habe sich dabei um eine einmalige Entgleisung gehandelt.

Eine Sozialanalyse des sehr vermögenden Elternhauses ergibt, daß der Vater, ein selbständiger Geschäftsmann, ein nahezu perfektes Doppelleben führt. Er verläßt drei- bis viermal pro Woche die Gattin und seinen Sohn, um in einer anderen Familie ebenfalls in die Rolle des Familienvaters zu schlüpfen. Sowohl sein Sohn als auch die beiden Kinder der anderen Familie wissen voneinander nichts. Anders die beiden betroffenen Frauen. Sie wissen nicht nur davon, sie haben diese Lebenssituation in der Zwischenzeit akzeptiert. Den Kindern wird jeweils erklärt, der Vater sei geschäftlich unterwegs.

Die Mutter des Vierzehnjährigen stammt aus einem reichen Elternhaus, hat ein riesiges Vermögen ererbt und kann sich praktisch jeden Wunsch erfüllen. Sie lebt in einer eleganten Wohnung und unternimmt luxuriöse Reisen. Sie läßt es sich in Sachen Mode und Schmuck an nichts fehlen und beteiligt den Sohn von klein auf an ihrem Reichtum. Dem Jungen wird von frühester Kindheit an jeder ökonomische Wunsch erfüllt: elektrisch betriebene Autos, Video- und Stereoanlagen, die neuesten Computerspiele. Sein Freundeskreis setzt sich aus Kindern zusammen, die bei ihm eingeladen werden, um mit ihm zu spielen.

Auffällig wird der Knabe erst, als er mit elf Jahren beginnt, offen Widerstand gegen die Wünsche der Mutter zu zeigen. Die Haare werden länger, die Kleidung vernachlässigt, die Wünsche werden kostspieliger, der Tonfall wird rotzig. Schließlich vergreift sich der Junge am Sparbuch der Mutter. Mit 13 Jahren hängt er rauchend in Tagesbars herum, einmal wird er wegen Ladendiebstahls von der Polizei aufgegriffen. Ein anderes Mal wird er festgenommen, als er, aufgrund eines Tips aus der Szene, mit Kokain angetroffen wird. Er kommt in Untersuchungshaft, was fernstehende Bekannte zwar überrascht, von näheren Bekannten der Familie aber bereits vorhergesehen wurde.

In Folge dieser Ereignisse werden Psychotherapien begonnen, aber gleich wieder abgebrochen, da es nicht gelingt, den Knaben in ein oder zwei Gesprächen zur Vernunft zu bringen. Ausländische Internate werden erwogen, jugendpsychiatrische Kliniken kurzfristig aufgesucht. Beides erscheint nicht erfolgversprechend. Der Jugendliche fordert weiterhin immer mehr, verläßt sich auf das Vermögen der Mutter und gesteht in einer Therapiesituation, daß er es gar nicht mehr notwendig fände, die Schule weiter zu besuchen oder gar einen Beruf zu erlernen. Das vorhandene Vermögen reiche ohnehin aus, eine ganze Generation zu ernähren. Die Vorwürfe des Vaters an die Mutter sind immer dieselben: Sie habe sich nicht genug um den Sohn gekümmert, obwohl sie doch nichts anderes zu tun gehabt hätte.

In einer Therapiesitzung bekennt der Jugendliche, wie sehr ihm der Vater als Vorbild, als Gesprächspartner, als Streitpartner und als Spielgefährte gefehlt hätte. Jetzt fände er keinen Zugang mehr zu ihm. Schließlich habe er sich ja nie um seinen Sohn gekümmert. Er wisse nun auch von seinem Doppelleben. Der Jugendliche wird nun zum Verteidiger des Schicksals seiner Mutter, die er letztlich als Geldquelle und phantasierten Zukunftspartner seines Lotterlebens verteidigen muß. Der Vater wird endgültig abgeschrieben.

BEISPIEL 30

Nach einer feuchtfröhlichen Privatparty beschließt eine Gruppe von Sechzehnjährigen, einen Abschlußdrink in einer Bar zu nehmen. In angeheiterter Stimmung beginnen die Jugendlichen mit Biergläsern herumzuwerfen und im Raum anwesende, fremdländische Gäste anzupöbeln. Der Besitzer verweist die angeheiterten Jugendlichen des Lokals, einer der Jugendlichen vergißt jedoch seinen Schal, kehrt zurück und schleudert den schon vorher belästigten Gästen noch einige unkontrollierte Bemerkungen zu. Diese Gäste folgen dem Jugendlichen auf die

Straße, es kommt zu einer Rauferei, im Zuge derer einem ausländischen Barbesucher durch einen Faustschlag das Jochbein gebrochen wird. So wird aus einer banalen, trunkenen Bagatelle ein Gerichtsverfahren mit drohender Verurteilung wegen schwerer Körperverletzung.

Jugendkriminalität

Ein sensibler Bereich in der Sozialisation des Jugendlichen ist jener der Jugendkriminalität. Viele Eltern sind jetzt sicher der Meinung, dieses Kapitel könnten sie ruhig überblättern, da ihr Kind nicht zu den Kriminellen zu zählen sei. Dazu ist anzumerken, daß es bei der Urteilsfähigkeit der Kinder, trotz guter Erziehung, in Fragen der Moralvorstellungen zu großen Abweichungen von denen der Eltern kommen kann. Die Frage, wann eine Gesetzesübertretung vorliegt, wann ein Jugendlicher sich schuldig gemacht hat, interpretieren Eltern und Kinder sehr verschieden. Regeln und Gesetze der Erwachsenen werden meist nicht akzeptiert und die Ermahnung im Falle einer Überschreitung nicht zur Kenntnis genommen. Häufig sind Eltern über die Tragweite der Handlungen ihrer Kinder höchst überrascht, da die Grenze zwischen Jugendstreich und krimineller Handlung fließend ist. Und gerade das läßt Kinder rasch und unverhofft auf die schiefe Bahn geraten (Beispiel 31, Seite 166).

Grundsätzlich ist festzustellen, daß ein Kind bis zu seinem 14. Geburtstag nicht straffällig werden kann, gleichgültig, um welches Delikt es sich handelt. Ein Kind kann von seiten erhebender Beamter zwar verfolgt und einvernommen werden, ist aber von justizmäßiger Strafverfolgung ausgeschlossen. Für Delikte von Kindern ist die Jugendwohlfahrtsbehörde zuständig. Spezielle Erziehungsberatung, allfällige Unterbringung in Jugendwohlfahrtseinrichtungen, vertiefte Erziehungshilfe und soziotherapeutische

Maßnahmen sind Instrumentarien der Jugendwohlfahrtsbehörde, die deliktspezifisch eingesetzt werden. Auch wenn immer wieder von bestimmten politischen Gruppierungen eine mögliche Strafverfolgung schon vor dem 14. Lebensjahr gefordert wird – mit der Begründung, daß ja auch das Reifestadium der Jugendlichen früher einsetzen würde –, bin ich der Ansicht, daß daran nicht gerüttelt werden sollte.

Begeht ein Kind unter dem 14. Lebensjahr eine kriminelle Handlung, so ist diese trotz Strafunmündigkeit straf- und zivilrechtlich zu klären. Beschädigen Jugendliche etwa fremdes Eigentum, so ist der Täter zu ermitteln und zu prüfen, ob die Eltern zur Schadenswiedergutmachung herangezogen werden können, eventuell durch Deckung des Schadens über einen Versicherungsschutz (Beispiel 32 und 33, Seiten 168 und 169).

Vollendet der Jugendliche das 14. Lebensjahr, ändert sich der Sachverhalt schlagartig: Der Jugendliche wird strafmündig, wenn auch im Strafausmaß nach dem Jugendstrafgesetz. Für dieses gilt als Faustregel, daß die Strafe für ein Delikt etwa die Hälfte der Strafe ausmacht, die ein Erwachsener für dasselbe Delikt erhalten würde, wobei im Jugendstrafrecht noch besondere Strafbedingungen zum Tragen kommen können. Ein wichtiges Kriterium, um die Strafmündigkeit vor allem im Zeitraum zwischen dem 14. und dem 15. Lebensjahr abzuschätzen, ist wiederum der Grad an körperlicher, intellektueller, emotionaler und sozialer Reife. Wichtig ist auch, ob eine Einsicht in das Verbotene des Tuns vorhanden war und ob der betroffene Jugendliche auch imstande gewesen wäre, nach dieser Einsicht zu handeln.

Wie sieht nun die Angst der Eltern aus? Sie fürchten, daß ihre Kinder etwas anstellen, die gesellschaftlichen Spielregeln mißachten könnten. Sie fürchten, daß sie dies heimlich tun, was den Reiz des Abenteuers erhöht. Aber können sie überhaupt vorbereitet sein auf all die unwahrscheinlichen Verhaltensweisen und Vorkommnisse im Leben ihrer Kinder (Beispiel 34, Seite 169). Wie sich zeigen wird, ist das Phänomen der Jugendkriminalität nicht nur auf Angehörige der Unterschicht beschränkt. Auch sogenannte wohlerzogene Kinder aus gutbürgerlichen Haushalten, deren Moralvorstellungen gefestigt scheinen, sind gegen kriminelle Handlungen nicht gefeit. Unbescholtene Eltern vermuten kaum, daß ihr Kind mit dem Recht in Konflikt geraten kann. Und wenn, dann nur mit ähnlichen Delikten, die sie selbst begehen, wie etwa Verkehrsübertretung oder Steuerhinterziehung, was letztlich in der gehandhabten Praxis durch Verwaltungsstrafen geahndet wird. Geschichten von kleineren Vergehen, von denen wir immer wieder hören und die uns sogar gelegentlich zum Schmunzeln anregen, müssen auch unter dem Aspekt gesehen werden, daß sie nicht nur wirkliche Delikte sind, sondern daß sie vor allem auch als Beispiele dienen und zur Nachahmung herausfordern.

Eines der häufigsten Delikte ist der Diebstahl (Beispiele 35-37, Seiten 170 und 171). Diebstahl hat in einem hohen Ausmaß mit dem Erleben von Abenteuern und mit Mutproben zu tun. Er ist nicht auf eine bestimmte Gesellschaftsschicht beschränkt. Es nützt nichts, sich zu entrüsten und zu erklären: Unser Kind tut so etwas nicht. Gerade der Anstieg der Diebstahlskriminalität von Jugendlichen spricht eine völlig andere Sprache. Außerdem müssen wir uns über Kavaliersdelikte, die Eltern begehen (z.B. Zeitungsdiebstahl am Sonntag), Gedanken machen, die wie eine Aufforderung auf die Jugendlichen wirken können. Es gibt natürlich eine Fülle von Diebstählen, die eher als Streich gewertet werden, wie etwa der Diebstahl eines Vergasers aus dem Moped eines anderen Jugendlichen, der gleichsam als Tauschgeschäft bezeichnet wird; oder wenn eine Kiste Bier, im Einkaufswagen unten gestapelt, ohne zu bezahlen an der Kassiererin vorbeigeschmuggelt wird; oder wenn zuviel herausgegebenes Wechselgeld nicht sofort zurückgegeben wird. Gegen solche Versuchungen sind auch Erwachsene nicht gefeit.

Diebstahlsdelikte haben viel mit Imitationslernen zu tun. Auch der Gruppendruck und der Wunsch dazuzugehören, kann zur Kriminalität führen, wie die alljährlich steigende Zahl von Jugendbanden und deren Einbruchsdelikte zeigen. Immer wieder werden in sogenannten gutbürgerlichen Kreisen Jugendliche aufgegriffen, die Einbruchsdelikte begehen und bei der Frage nach ihrem Verhalten erklären, es sei ja nur aus Abenteuerlust geschehen, weil es eben so spannend sei, daß sie sich aber nicht wirklich bereichern wollten. Man habe ja in den jeweiligen Haushalten eher die Hausbar aufgesucht und geleert.

Ein häufiges Delikt ist auch die moderne Form des Vandalismus, die besonders oft in Nobelvierteln größerer Städte vorkommt. Meist findet er in der Vorsommerzeit statt, wenn Eltern Kurzurlaube machen und ihre schulpflichtigen Jugendlichen zu Hause lassen, die dann bandengleich in die Villen ihrer Schulfreunde einfallen. Sie bedienen sich der Vorräte aus Speisekammer und Tiefkühltruhe und dezimieren den wohlgefüllten Weinkeller des Hausherrn. Bisweilen schleppen sie ein wertvolles Klavier in den Garten, um es mit Bier zu taufen, und ziehen nach vollbrachtem Zerstörungswerk zur nächsten Villa weiter. Meist bleibt dann ein geschockter Jugendlicher zurück, der seinen Eltern erklärt: Das habe ich nicht gewollt.

Ist es möglich, solche Vorkommnisse zu verhindern, oder müssen Eltern diese einfach hinnehmen? Sicher, mit Gesprächen und dem Hinweis auf die eigene Verantwortung kann man zwar vorbeugend einwirken, aber gänzlich läßt sich jugendlicher Übermut kaum unterbinden.

Ein heikles Thema ist die Unterscheidung zwischen Diebstahl und Raub. Raub klingt in den Ohren von Eltern ungeheuerlich und ist meist mit der Phantasie verbunden, der Jugendliche hätte mit Waffengewalt einen Banküberfall inszeniert. Oft genügt aber bereits der Tatbestand, daß eine alte Frau im Marktgedränge angerempelt wird. Sollte sie dadurch stolpern, auch ohne dabei hinzufallen, ist durch Gewaltanwendung allerdings der Tatbestand des Raubes erfüllt. Jede Gewaltanwendung, sei sie noch so harmlos, die in Tateinheit mit einem unbefugten Aneignen von fremdem Besitz einhergeht, ist Raub. Dies kann vor Gericht in keiner Weise beschönigt werden.

An dieser Stelle sollten wir uns auch mit unserem Verhältnis zur Gerichtsbarkeit beschäftigen. Aufklärung in Fragen der Staatsbürgerkunde, von Rechts- und Unrechtsbewußtsein im Sinne des Strafgesetzbuches, wird an unseren Schulen nicht sehr groß geschrieben. Der Durchschnittsbürger unserer europäischen demokratischen Staaten hat selten mit Gerichten zu tun und wenn, dann handelt es sich üblicherweise um Zivilprozeßangelegenheiten, die durch Anwälte vertreten und abgehandelt werden. Die bei Gericht üblichen Usancen sind jedoch weitgehend unbekannt. So darf es uns auch nicht wundern, wenn die Terminologie der Strafgerichtsbarkeit die wahre Dramatik nicht erkennen läßt und Erwachsene manches Verhalten von Jugendlichen als Bagatelldelikt abtun und feststellen: So habe es der Jugendliche ja gar nicht gemeint. Über die Konsequenzen einer Tat kann aber nur jemand aufklären, der selbst Bescheid weiß. Eltern sind für Aufklärungsarbeit zumeist vollkommen ungeeignet, weil sie sich der Tragweite ihrer eigenen Handlungen meist ebensowenig bewußt sind wie die Jugendlichen selbst.

Die Jugendgerichtsbarkeit trägt diesen Umständen zweifellos Rechnung. In den letzten Jahren sind in den Jugendgerichten speziell ausgebildete Richter und Staatsanwälte tätig. Diese haben nicht nur sehr klare gesetzliche Vorgaben, sondern sind darüber hinaus auch ausreichend entwicklungspsychologisch geschult. An ihrer Seite steht die Jugendgerichtshilfe, mit der sie Rücksprache halten können. Die Tatsache der Straffälligkeit kann aber und soll nicht wegdiskutiert werden. So ist es immer wieder erschütternd, wenn der Autor als Sachverständiger nach einer sehr gewissenhaft geführten Gerichtsverhandlung folgende Szene zur Kenntnis nehmen muß: Ein Jugendlicher verläßt den Gerichtssaal und begrüßt seine dort auf ihn wartenden Freunde mit dem Satz: Ich bin freigesprochen, obwohl er eigentlich eine Gefängnisstrafe auf Bewährung erhalten hatte. Er war sich also der Folgen dieser Strafe nicht bewußt. Denn bei einem weiteren, vergleichsweise harmlosen Delikt wird die Strafhaft sofort schlagend, das heißt, sie muß verbüßt werden. Dies löst beim Jugendlichen oft großes Erstaunen aus, da er sich des Ersturteils nicht mehr bewußt ist. Er hat eben nur das gehört und erfaßt, was er hören und erfassen wollte.

Ein wichtiges Instrument der Jugendstrafrechtsordnung ist zweifellos der außergerichtliche Tatausgleich. Er wird bei sogenannten Bagatelldelikten angewendet, vor allem bei Ersttätern, bei denen nicht selbstverständlich von einer weiteren kriminellen Karriere ausgegangen werden kann. Dabei werden dem Jugendlichen Arbeiten im sozialen Bereich oder zur Hilfe des Opfers verordnet, und er wird durch die Bewährungshilfe kontrolliert. Dazu bedarf es eines besonderen Feingefühls des Richters, nicht zuletzt gegenüber dem Geschädigten, der in keiner Form in Mitleidenschaft gezogen oder gekränkt werden soll. Gleichzeitig muß gewährleistet sein, daß die Strafe angemessen, sinnvoll und eine wirksame Wiedergutmachung ist, also in Erinnerung bleibt und so eine Wiederholung verhindert.

In den letzten Jahren haben politisch motivierte Delikte bei Jugendlichen an Häufigkeit zugenommen. Auf der Suche nach Identifikation geraten Jugendliche in politische Kreise, die auf den ersten Blick nicht als Bombenleger, Autobombenleger oder politisch marodierende Horden zu erkennen sind (Beispiel 38, Seite 172). Auch hier mag die Abwehr der Eltern einsetzen: Das hätte uns doch auffallen müssen. In unserer Familie hat solches Gedankengut doch keinen Platz. Da muß man sich aber auch das entsprechende Milieu anschauen. Dieses Milieu gibt es in allen Schichten und ist nicht ausschließlich dem rechten Lager zuzuordnen. Extremismus gedeiht rechts wie links, ist ungeheuer ansteckend und kann sich auch in zivilisierterer Form rasch ausbreiten, wie die Jugendbewegung von 1968 deutlich gezeigt hat. Damals haben durchaus honorige Personen, die heute im öffentlichen Leben stehen, an Aktionen teilgenommen, die sich an der Grenze der Legalität bewegten. Viele von ihnen waren aber auch nur Mitläufer. Die elterlichen Ängste sind auch in diesem Fall nur zu mindern, wenn offen über politische Strukturen gesprochen wird und vor allem die Großelterngeneration mit eingebunden wird. Sie können aus eigener Erfahrung berichten, wie schnell politische Positionen unter Außerachtlassung demokratischer und rechtlicher Spielregeln zu Extremhandlungen führen.

Ein weiteres, sehr häufig anzutreffendes Delikt ist die Körperverletzung. Was oft als harmlose Rangelei oder Rauferei beginnt, endet nicht selten in leichter, bisweilen aber sogar schwerer Körperverletzung. Der Unterschied liegt in der Art der Verletzung bzw. Dauer der Verletzungsfolgen. Eine jugendliche Schlägerei kann sehr rasch mit einer schweren Körperverletzung enden, da während der Auseinandersetzung die Tragweite nicht hinreichend abgeschätzt werden kann.

Ein anderes Problem tritt auf, wenn Jugendliche mit einspurigen Fahrzeugen aktiv am Straßenverkehr teilnehmen dürfen. Natürlich haben Eltern primär Angst, es könne ein unverschuldeter Unfall passieren. Trotz Fahrprüfung ist der Jugendliche im Straßenverkehr auf sich allein gestellt und muß seine Handlungen ab dem 14. Lebensjahr selbst verantworten. Meist kommt es auch zur Selbstüberschätzung in bezug auf Alkoholkonsum: So viel war es ja nicht. Drakonische Strafen verbunden mit der Androhung, den Führerschein erst zu einem späteren Termin als dem erstmöglichen machen zu können, nützen vor allem im ländlichen Raum wenig, da für den Jugendlichen Mobilität alles, Tragweitenabschätzung aber wenig bedeutet.

Äußerst problematisch ist auch der gesamte Bereich von Waffenbesitz, der Handhabung von Waffen und Verbrechen mit Waffen. Der sorglose Umgang, den Eltern in bezug auf Schußwaffen an den Tag legen, erstaunt immer wieder. Waffen werden oft in unverschlossenen Kästen oder Schubladen aufbewahrt. Es darf also nicht wundern, wenn ein Jugendlicher mit Waffen, an die er so leicht herankommt, auch hantiert. Waffen besitzen nun einmal ein enorm hohes Verführungspotential. Die Waffe tritt dem Kind von klein auf als Instrument von Macht und Gewalt entgegen und übt so eine beinahe erotische Anziehungskraft aus.

Die Waffe bringt durch ihre Tötungsmöglichkeit auf Distanz eine gefährliche Herabsetzung der Hemmschwelle, da mit einem Fingerdruck ein nicht wiedergutzumachender Gewaltakt begangen werden kann. Jedes Jahr passiert eine Fülle von Unfällen aufgrund mangelnder Vorsicht im Umgang mit Waffen. Kinder sind zumeist nicht an den Umgang mit ihnen gewöhnt und fügen sich beim Experimentieren oft schwere Verletzungen zu. Die Verfügbarkeit von Waffen zieht aber nicht nur Unfälle, sondern auch Suizide und Morde nach sich. So sehr Eltern von Berichten aus Amerika über kindliche Mörder, die mit Waffen Amok laufen, erschüttert sind, so wenig realisieren sie die im eigenen Land stattfindenden Taten. Da ist der Schüler, der vor seiner Schule seinem Schuldirektor auflauert, diesen anschießt, schwerst verletzt und sich dann selbst umbringt. Und es füllt wochenlang die Skandalchronik der Tageszeitungen, wenn ein jugendlicher Schüler seine Lehrerin in der Schulklasse, in Gegenwart von Mitschülerinnen, erschießt. So individuell die einzelnen Verletzungs- und Tötungsdelikte gewesen sein mögen, mit der Waffe in der Hand fühlen sich Jugendliche selbständig und im Besitz der Macht, durch Bedrohung von Leib und Leben alles erreichen zu können.

Nicht ein verantwortungsvollerer Umgang mit Waffen wird Verletzungs- und Tötungsdelikete mindern helfen, sondern nur die klare und eindeutige Ächtung der Waffe an sich. Wenn Eltern in diesem Bereich nicht klarer und eindeutiger Stellung beziehen, wird ihnen die Angst vor dem schießenden oder dem erschossenen Kind weiterhin nicht erspart bleiben.

Zusammenfassend kann man sagen, daß es nicht nur unsere Aufgabe als Eltern ist, mit unseren Kindern zum Gespräch bereit zu sein, sondern vielmehr immer wieder Kontakt mit ihnen zu halten, um allfällige Veränderungen in ihrem Wesen wahrnehmen zu können und so ein Abgleiten in ein kriminelles Milieu zu verhindern.

Beispiele zum Thema Jugendkriminalität

BEISPIEL 31 Ein 15jähriges Mädchen kehrt abends zur vereinbarten Zeit nicht nach Hause zurück. Die in der Schule nur mäßig leistungsfähige Gymnasiastin ist auch am nächsten Morgen weder zu Hause noch in der Schule anzutreffen. Es wird die Vermißtenanzeige erstattet. Die Mutter wird eingehend über Bekannte und Freunde des Mädchens befragt, gibt bereitwilligst Auskunft. Dabei stellt sich jedoch heraus, wie wenig die Mutter über die Lebensgewohnheiten der Tochter weiß. Die Jugendgruppe, in der das Mädchen regelmäßig verkehrt, berichtet, es hätte sich in den letzten Wochen etwas zurückgezogen, die Mutter erzählt von verstärkt auftretenden Trotzreaktionen.

48 Stunden später gerät die Mutter mehr und mehr in Panik. Drogenexperten werden befragt, das Mädchen ist in der Szene aber unbekannt und wurde dort auch nie gesehen. Rettungs- und Unfallstationen sind längst benachrichtigt.

Auch hier findet sich kein Hinweis auf den Verbleib des Mädchens. Als der dritte Tag ohne Lebenszeichen vergeht, intensiviert sich die Fahndung. Die Mutter richtet über eine große Tageszeitung einen Rückkehrappell an die Tochter. Doch die Jugendliche bleibt verschwunden.

Am vierten Tag – die Mutter hat sich Urlaub genommen und ist am frühen Nachmittag zufällig zu Hause – öffnet sich die Wohnungstür, und das Mädchen schleicht in sein Zimmer. Das Gesicht ist durch Schläge verschwollen, die Pupillen sind geweitet, die Augen haben einen glasigen Blick. Die Mutter beobachtet die Tochter, wie sie Sparbuch und Paß an sich nimmt, und tritt ihr beim Verlassen der Wohnung entgegen. Weinend fällt das Mädchen der Mutter um den Hals und erklärt, er (den Namen wagt sie nicht zu nennen) warte vor dem Haustor auf sie. Er habe ihr befohlen, mit Paß und verfügbarem Bargeld sofort wieder zu erscheinen, sonst passiere etwas Schreckliches.

Die sehr energische Mutter verbietet der Tochter, das Haus zu verlassen, und verständigt die Polizei. Diese wird des Täters, der offensichtlich das Vorgehen im Haus erraten hat, nicht habhaft. Später wird er allerdings ermittelt und auf freiem Fuße angezeigt. Der Mann stirbt wenige Wochen später an der Überdosis eines Rauschgiftes.

Das Martyrium des Mädchens scheint unfaßbar. Es stammt aus gutem Mittelstandsmilieu, ist intelligent und hinreichend gebildet, um Tragweiten abschätzen zu können. Bei näherem Nachfragen stellt sich heraus, daß das Mädchen wenige Tage vor seinem Verschwinden in einem Szenetreff den 22jährigen Mann kennengelernt hat. Er schmeichelt ihm und verspricht, es in eine Diskothek zu begleiten. Das Mädchen sucht das Lokal am Nachmittag statt des obligaten Turnunterrichts auf. Zwei bis drei Tage später begleitet es den jungen Mann abends in die Diskothek und kommt von dort nicht mehr zurück. Er lädt es in seine Wohnung ein und setzt es unter Drogen. Als es zu flüchten versucht, wird es grob mißhandelt, sexuell gedemütigt und geschändet. Unter Drogeneinfluß fordert der Mann das Mädchen auf, Paß und Geld zu holen, um sich mit ihm ins Ausland abzusetzen.

Was sich nicht klären ließ: War organisierter Mädchenhandel im Spiel? Wollte sich der junge Mann nur des Geldes und eines unverfänglichen Passes bedienen? Oder wollte er das Mädchen in die Prostitution zwingen?

BEISPIEL 32 Zwei 13jährige Knaben schlendern in ihrer Stadtrandregion ziel- und planlos umher. Anfänglich spielen sie mit einem Stein Fußball. Schließlich gelangen sie an einen Autoparkplatz und kommen auf die Idee, Autos mit Steinen zu bewerfen. Ein Zielschießen beginnt. Innerhalb einer Stunde werfen die beiden an die fünfzig Geschosse. Autoscheiben, Scheinwerfer und Seitenspiegel gehen zu Bruch. Durch den klirrenden Lärm angelockt, erscheinen auf der anderen Seite des Parkplatzes zwei Erwachsene, die die Knaben zwar sehen, jedoch nicht mehr erreichen können, da diese davonlaufen. Nach mehrtägiger Recherche werden die Knaben gefunden, nachdem bereits Strafanzeige erstattet wurde. Diese hat aufgrund des Alters keine strafrechtlichen Konsequenzen, allerdings wird ein Zivilgerichtsverfahren zur Schadenswiedergutmachung angestrengt.

BEISPIEL 33

Vier zehn- bis elfjährige Buben spielen regelmäßig und erlaubterweise auf einem Spielplatz in der Nähe ihrer Wohnhausanlage. Sie spielen immer zur selben Zeit, üblicherweise kann man sich auf sie verlassen. Eines Tages kehren alle Knaben aber verspätet nach Hause. Zwei von ihnen wirken sehr verstört, äußern sich aber gegenüber den Eltern nicht. Ein gleichzeitiger Großbrand in einer Autowerkstatt führt zu Fragen der Eltern an die Knaben, ob sie denn etwas gesehen hätten. Es stellt sich heraus, daß die Buben in die unbewachte Werkstatt eingedrungen sind und Autoantennen und Autospiegel abgebrochen haben. Einer der Knaben hat sich dann in eines der Autos gesetzt, dort mit einer feuergefährlichen flüssigen Substanz experimentiert, worauf ein Autositz zu glosen begann. Dann fing der Sitz und später das ganze Auto Feuer. Zuerst hätten sie noch versucht, das Feuer zu löschen, aber dann aufgegeben und die Löscharbeiten der herangeeilten Feuerwehr von einem Versteck aus beobachtet. Eine vorbeikommende Frau hatte aber die Knaben sowie den Brand wahrgenommen, die Feuerwehr verständigt und nachfolgend der Polizei Meldung über die Buben gemacht. Ein Millionenschaden entstand.

BEISPIEL 34

Ein Dreizehnjähriger fährt mit dem Auto seines Stiefvaters 1500 Kilometer unfallfrei bis ins Ausland. Es gelingt ihm, auf dieser Strecke ohne Bezahlung zu tanken. Er begeht auch kein gröberes Verkehrsvergehen und wird erst aufgegriffen, als er in dem Fahrzeug übernachtet.

Die umfangreiche Berichterstattung der Medien im Heimatland des Knaben zieht mehrere Nachahmungstaten nach sich. Ein ebenfalls 13jähriger geht sogar soweit, seine

Großmutter, die die Tragweite nicht mehr abschätzen kann, zu überreden, ihm ein Auto zu schenken. Sie kauft dieses Auto in der Vorstellung, er könne sie dann überall hinbringen.

BEISPIEL 35 Ein 13 Jahre alter Knabe wird am Wochenende ertappt, als er eine Zeitungskasse aufbricht, die an einem Dreiecksständer montiert ist. Der Jugendliche wird aufgrund seiner Strafunmündigkeit einer Sozialarbeiterin übergeben, die in guter Verbindung zu der zuständigen kinder- und jugendpsychiatrischen Station steht. In der wohlmeinenden Absicht, vielleicht eine beginnende Kleptomanie verhindern zu können, stellt sie den Knaben dem Jugendpsychiater vor, der nach Anhörung des Deliktes den Jugendlichen mit seiner ersten Frage völlig perplex macht: Nun nimmt dich wohl deine Bande nicht auf? Die verblüffte Entgegnung des schamroten Knaben lautet: Wer hat mich verpfiffen? Auf die Versicherung des Psychiaters, daß dies niemand getan hätte, es aber wohl klar sei, daß er sozusagen seine Erstlingstat vollbracht hätte und diese gründlich mißlungen sei, bekennt der Knabe, sein älterer Bruder sei bereits in der Gruppe, und man habe ihn aufgefordert einzusteigen. Wäre die Tat gelungen, wäre er »in« gewesen und auch jederzeit erpreßbar, nach dem Motto: Mitgefangen, mitgehangen.

BEISPIEL 36 Ein 15jähriger Jugendlicher betritt eine Kirche, vergreift sich dort am Opferstock und wird vom Pfarrer beobachtet. Da er dem Pfarrer aus der Gemeinde bekannt ist, begleitet ihn dieser nach Hause. Das Elternhaus – die Adoptiveltern sind penibel, überaus betulich und im Verhältnis zum Jugendlichen schon ziemlich alt – stellt sich bei der Untersuchung durch den Psychiater als Gefängnis für den Jugendlichen heraus.

Die Eltern halten sich selbst zwar für besonders verständnisvoll – der Junge wachse in Güte, Wärme und Fürsorge auf –, doch für den Jungen stellt sich das anders dar. Dieser möchte etwa mit seinen neuen Klassenkameraden nach der Schule das Kaffeehaus besuchen. Der Vater jedoch rät ihm, doch nach Hause zu kommen, Kaffee sei in Hülle und Fülle auch zu Hause vorhanden. Auf den bescheidenen Wunsch, mit den Klassenkameraden ins Kino zu gehen, reagiert der Vater mit Verständnis, meint aber: Geh' doch hinunter in den Videoshop und borge dir einen Film aus, den können wir uns dann gemeinsam ansehen. Auf den Hinweis, es wäre ganz lustig, am Nachmittag mit den Klassenkameraden Billard spielen zu gehen, reagiert der Vater mit Entsetzen. Das erinnere ihn an einen Film, in dem alle Billardspieler Zuhälter gewesen seien. Sein Sohn soll sich in solchen Kreisen nicht bewegen.

Der Jugendliche hat kaum Taschengeld. Seine Klassenkameraden nehmen ihn selbstverständlich ins Kaffeehaus und ins Kino mit und bezahlen auch für ihn, als sie sehen, in welch prekärer Situation er sich befindet. Der Jugendliche schuldet seinen Freunden nun aber etwas und möchte sie endlich auch einmal einladen. Die Eltern will er nicht bestehlen, also bedient er sich am kirchlichen Opferstock.

BEISPIEL 37 Drei Mädchen, die sich am Nachmittag vor einem Großkaufhaus treffen, sind Kinder sehr bekannter Väter. Die Mädchen vereinbaren, sich eine Stunde später an gleicher Stelle wieder zu treffen; dann habe diejenige gewonnen, die das teuerste Stück gestohlen habe. Jene wäre zweite, die das größte Stück als Beute brächte. Eines der Mädchen geht in die Bekleidungsabteilung, hängt seine eigene Kleidung in die Umkleidekabine, kleidet sich von Kopf bis Fuß neu ein und verläßt unbehelligt das Kaufhaus. Ertappt wird hingegen jenes Mädchen, das das vermeintlich größte Stück als Beute ausgewählt hatte. Es stahl eine Zwirnspule mit 50 Meter Zwirn. Dabei wird es vom Kaufhausdetektiv überrascht, zur Ausweisleistung gezwungen, und alles kommt ans Tageslicht.

BEISPIEL 38 Vor Gericht stehen fünf Jugendliche, die in einer Kleinstadt regelmäßig an rechtsradikalen Zusammenkünften teilgenommen haben.

Die Vorgeschichte: Einige junge Erwachsene laden gezielt Jugendliche auf ein Bier ein, die nicht in einem geordneten Hause aufwachsen. Auf diesen Umstand weisen die Erwachsenen immer wieder hin und polemisieren gegen die gegenwärtige Jugendarbeitslosigkeit, die auch drei von den fünf betroffenen Jugendlichen erfaßt hat, sowie gegen die sozialen Umstände und die vermeintlich Schuldigen. Sie sagen den Jugendlichen, daß man sich dagegen wehren könne und auch müsse. An den gemeinsamen Abenden, nachdem die Jugendlichen hinreichend mit Alkohol versorgt worden sind, fallen dann nationalsozialistische Parolen und Sätze wie: *Es gab schon einmal eine Zeit der Massenarbeitslosigkeit, aber da gab es auch ein Rezept... Noch heute benützen wir die Autobahnen, die damals gebaut wurden...*

Die Jugendlichen haben keinen familiären Ansprechpartner, um über solche Parolen zu diskutieren. Der einzige, der die Chance hätte, nützt sie nicht. Er hat offensichtlich Angst, zu Hause nicht verstanden zu werden.

An einer ersten Aktion nehmen zuerst drei, später alle fünf Jugendlichen teil: Sie beschimpfen öffentlich und lautstark einen kommunalen Politiker wegen seiner Herkunft und sprühen rassistische Parolen an dessen Hauswand. Später ziehen sie nächtens durch die Kleinstadt und singen verbotene Lieder. Sie schmücken sich mit Abzeichen, die aufgrund der Wiederbetätigungsgesetze verboten sind. Eines Tages mißhandeln sie einige Gymnasiasten, schlagen auf sie ein, bedrohen und nötigen sie und zwingen sie, am Boden auf allen vieren herumzukriechen. Sie wollen auch, daß sie den Gehsteig mit einer Zahnbürste putzen.

Nach erfolgter Anzeige wird gegen die Jugendlichen ermittelt, und sie werden angeklagt. Der Prozeß beschäftigt mehrere Sachverständige, da das Gericht bemüht ist herauszufinden, ob diese Jugendlichen von Reife und Bildung her das Unrecht ihrer Handlungen erfassen konnten.

Die für das Unrecht der Tat hinreichend gereiften Jugendlichen mußten letztlich zur Kenntnis nehmen, daß sie sich schwerster Verfehlungen schuldig gemacht haben. Aufgrund ihres Bildungsstandes wären sie durchaus in der Lage gewesen, das Unrecht ihrer Taten einzusehen. Verteidigt haben sich alle fünf Jugendlichen mit der Erklärung: Das Politische ist ja bei unseren Zusammenkünften nicht im Vordergrund gestanden. Es war einfach schön, sich regelmäßig mit anderen zu treffen und über alles reden zu können.

Sekten

Das Thema Sekten zählt zu einem der brennendsten Problemkreise unserer Gesellschaft. Wir wollen auf den nächsten Seiten näher auf die Ängste der Eltern im Zusammenhang mit Sekten eingehen.

Der Begriff Sekte ist längst überholt, nicht nur durch den inflationären Gebrauch, sondern vor allem durch die Nähe vieler Vereinigungen zur Kriminalität. Dadurch kommt es zu einer Verzerrung des Begriffs. Ziel einer Information für Eltern kann nur sein, Kenntnisse von bestimmten Weltanschauungsgruppen zu vermitteln, die eines gemeinsam haben: nämlich einen zweifelhaften Ruf, seien sie religiös, esoterisch oder von sonderbaren Psychokulten geprägt.

Ängste bei den Eltern lösen vor allem folgende Begleiterscheinungen aus:

- die Isolation der angeworbenen Mitglieder von ihrer gewohnten sozialen Gemeinschaft;
- die Tatsache, daß die gewohnte soziale Umgebung des angeworbenen Mitglieds als Feindbild aufgebaut wird;
- der Absolutheitsanspruch des Gedankengutes einer Gruppe;
- die Aufgabe jeder Dialogfähigkeit durch den Jugendlichen;
- die immer wieder zu beobachtende Unfähigkeit des angeworbenen Mitglieds, sich aus eigenem Willen aus der selbst gewählten Gruppe wieder zu lösen;
- getarnte Profitorganisationen, die sich hinter allen Grup-

pierungen verbergen; sie haben nicht das Heil der Menschen im Auge, sondern deren Geld.

Die Literatur über solche Gesinnungsgruppierungen ist äußerst umfangreich. Wir wollen hier vor allem aus jugendpsychiatrischer und psychologischer Sicht versuchen, jene Information herauszufiltern, die einerseits der Prävention, also der Vorbeugung, dient und andererseits hilft, bereits angeworbene Mitglieder wieder in deren Familien zurückzuführen.

Der Jugendpsychiater wird häufig gefragt, ob es denn nicht vor allem psychisch extrem labile oder gar kranke Jugendliche sind, die zu einer Weltanschauungsgruppe tendieren, oder ob nicht die Angeworbenen gerade durch ihre Hinwendung zu den jeweiligen Gruppen psychisch erkranken? Die Frage kann nicht eindeutig beantwortet werden, da die Gründe für eine Sektenmitgliedschaft ebenso individuell wie vielfältig sind. Sie betreffen intelligente Jugendliche ebenso wie geistig anspruchslosere, und zwar aus den unterschiedlichsten sozialen Schichten. Konfessionell gebundene Kinder sind genauso verführbar wie ungebundene. Auch die Stabilität eines Kindes ist noch keine Garantie dafür, daß es sich nicht trotzdem von der einen oder anderen Gruppe angezogen fühlt. Natürlich sind psychisch labile Menschen leichter durch die strengen Gruppenregeln aus dem Lot zu bringen, als vermeintlich stabile. Dies ergibt sich aus den im folgenden angeführten Praktiken der anwerbenden Gruppen. Es ist also müßig, Sekten anzuklagen, sie würden Jugendliche krank machen. Dieses Argument wird keinen einzigen Jugendlichen davon abhalten, sich einer Sekte anzuschließen.

Welche Jugendlichen gehören nun zur Zielgruppe von Sekten? Fast wäre man verleitet zu sagen: jeder Jugendliche jeden Charakters und jeder Verfassung. Da sind die vereinsamten, isolierten und zurückgezogenen Jugendlichen; die gerade durch eine Beziehung enttäuschten; die von Liebeskummer erfüllten, verlassenen; die unter extremem Leistungsdruck leidenden; die von Ängsten erfüllten und von Minderwertigkeitsgefühlen geplagten; oder die nach einem Ortswechsel orientierungslosen, entwurzelten Jugendlichen. Alle sind sie seelisch verletzt und gerade deshalb empfänglich für scheinbar überschaubare, undifferenzierte Weltanschauungen und Lebensrezepte, die darauf ausgerichtet sind, Verständnis für ihre Befindlichkeiten zu zeigen.

Alle sektenähnlichen Gruppierungen beschäftigen aus diesem Grund Werbepsychologen, die sich mit den Problemen der Zielgruppen eingehend auseinandersetzen, die das Leid der Betroffenen zu orten verstehen und daraus Strategien für deren Anwerbung entwickeln. Ob Jugendliche nun durch ein Kontaktgespräch, durch psychologisch durchdachte Fragebögen, durch tatsächliche oder vermeintliche psychologische Tests, durch unterstützende psychotechnische Geräte oder durch Gruppenerlebnisse angeworben werden – immer geht es darum, ein hohes Maß an Interesse an der zu werbenden Person zu zeigen. Wurde am Anfang dieses Buches von der Suche nach Identität, Identifikation und Intimität gesprochen, so treffen diese Gruppierungen genau das Interesse an den Fragen: Wie bin ich? Wie wirke ich auf andere? Wie möchte ich eigentlich sein? Wie beantworte ich die Sinnfrage des Lebens? Wer kann mir bei der Suche nach dem Sinn des Lebens behilflich sein?

Für die Beantwortung solcher zentralen Fragen bieten die

meisten Gruppierungen Patentrezepte an. Unter Patentrezept wird eine Lebens- oder Heilslehre verstanden, die garantiert, den Menschen zu einem besseren Leben zu verhelfen. Da es nun keinen Menschen – vor allem keine Jugendlichen – gibt, die nicht Hochs und Tiefs extrem erleben, ist es für den Anwerber ein leichtes, mit der einfachen Frage: *Warst du schon einmal tief unglücklich? Könntest du dir ein glücklicheres Leben vorstellen?* den Nagel auf den Kopf zu treffen. Zu den angebotenen Patentrezepten bietet die Gruppierung auch immer eine starke Führerfigur, einen Guru, an. Meist handelt es sich dabei um den Gründer der Gemeinschaft oder zumindest um einen Epigonen desselben, vor allem dann, wenn der Gründer unerreichbar, kulturfremd oder geographisch weit entfernt ist.

Das Patentrezept ist grundsätzlich auch mit einem Absolutheitsanspruch des Lehrinhaltes verbunden. Da junge Menschen ohnehin zu Extremen neigen, entgeht es ihrer sonst so differenzierten Kritikfähigkeit, daß Absolutheitsansprüche eher zu hinterfragen wären, anstatt ihnen blind zu folgen. Hier hat unsere elterliche Selbstkritik anzusetzen: Ob wir sie hinreichend zu kritischen Menschen erzogen, sie immer und immer wieder dazu aufgefordert haben, Thesen, wie wir sie apodiktisch aus der Werbung oder von uns selbst kennen, in Frage zu stellen, oder ob wir letztlich zu unkritischen Konsumidioten geworden sind, die kategorischen Imperativen einfach erliegen. Erinnern wir uns an die Thesen des Imitationslernens.

Sekten sind auch deswegen so attraktiv, weil sie ein spannendes und abwechslungsreiches Leben abseits jeder Alltäglichkeit versprechen. Da für den von Minderwertigkeitsgefühlen erfüllten jungen Menschen Gruppenzugehörigkeit sehr viel bedeutet, gelingt es den Sektierern leicht, das ersehnte Gruppenerlebnis zu vermitteln. Natürlich sind nicht alle Gruppierungen, denen ein junger Mensch angehören will, negativ besetzt. Es ist natürlich durchaus wünschenswert, wenn junge Menschen, vor allem in der Phase der philosophischen Krise, in Sanitäts- oder Nächstenhilfeorganisationen mitarbeiten und damit sowohl das Gefühl der Nützlichkeit ihrer Handlungen als auch das einer Gemeinschaft erfahren. Die Kritik hat dort anzusetzen, wo das Gruppenerlebnis um seiner selbst willen und zur Instrumentalisierung der Jugendlichen für die Zwecke der Führungselite dient.

Weltanschauungsgruppen vermitteln nämlich ein Elitebewußtsein, das in der Annahme gipfelt, daß niemand außerhalb der Gruppierung ein wertvolles Mitglied der menschlichen Gemeinschaft sei. Mit Hilfe einer Ideologie wird ein scheinbarer Einblick in den Sinn des Lebens und die kollektive Menschheitsgeschichte angeboten. Vor allem aber – und hier beginnt die Gefahr – behaupten die Werber, sie gehörten einer ideologischen Gemeinschaft an, die im Besitz der absoluten Wahrheit sei. Nun gibt es, und dies muß kritisch angemerkt werden, Vertreter von anerkannten großen Religionsgemeinschaften, die sich ebenfalls im Besitz der absoluten Wahrheit glauben. Die Religionsgeschichte der Menschheit, über alle Kulturen und Philosophiegeschichten durch Jahrtausende hinweg, zeigt aber, daß zwar das Streben nach Wahrheit ein Teil der menschlichen Identität ist, ihr Besitzanspruch aber grundsätzlich immer in Frage gestellt werden muß.

Ist die Anwerbung geglückt und hat die Ideologie gegriffen, erlebt der Angeworbene oft eine böse Überraschung:

Er wird zum absoluten Gehorsam verpflichtet. Vor allem junge Menschen, die gegen Gehorsamsregeln im familiären Umfeld auf das heftigste rebellieren, sind nun offenbar gerne bereit, sich sehr strengen Regeln zu unterwerfen. Denn im Gegenzug erhalten sie eine heile Welt und die Lösung aller Probleme. Manches klingt wie aus einem Werbeprospekt für Antidepressiva, die angeblich alle Depressionen hinwegfegen und ein glückliches und zufriedenes Leben versprechen. In der Sekte wird die Kritikfähigkeit durch Indoktrinierung und konkreten Einsatz von Idealismus, der ja schließlich gefordert wird, mehr und mehr eingeschränkt und schließlich regelrecht eingeschläfert. Gleichzeitig erreicht das Mitglied rasch eine bestimmte, klar definierte Gruppenposition, mit der es auch ein Stück Führung übernimmt. Das Mitglied fühlt sich bestätigt und anerkannt und kommt dem elitären Kreis der Gruppe, der im Vollbesitz der Wahrheit ist, näher.

Was soll nun damit erreicht werden? An erster Stelle steht sicherlich die immer enger werdende Gruppenbildung, die schließlich zum Ziel hat, ein gruppeneigenes Spitzelsystem aufzubauen, damit jeder jederzeit kontrollierbar wird. Außerdem soll ein Feindbild etabliert werden, um Nichtmitglieder von Mitgliedern zu unterscheiden und um das Gefühl, einer Elite anzugehören, zu stabilisieren. Diese Maßnahmen führen zu einem inneren und äußeren Kontrollsystem, zu einem Netz der Bespitzelung, aus dem man sich nicht mehr aus eigener Kraft befreien kann.

Fragt man ehemalige Mitglieder solcher weltanschaulichen Gruppen, so sind es vor allem die intellektuellen Mitglieder, die der Pseudowissenschaftlichkeit erliegen – sei es, weil gesicherte Maximen der Naturwissenschaften grundsätzlich in Frage gestellt werden, oder weil scheinbar gültige Maximen abenteuerlich umformuliert und das Gedankengut von Science-fiction-Autoren als real und wissenschaftlich abgesichert dargestellt werden. Alle Thesen sind allgemein verständlich, dem Laien plausibel und auf niederem intellektuellem Niveau erfaßbar. Jeder muß sie verstehen, persönlich internalisieren und später auch weitergeben können. Dabei werden nicht nur naturwissenschaftliche, sondern auch soziologische und sozial-philosophische Thesen so formuliert, daß zum Beispiel am Modell medizinischer Infektions- und Seuchenlehre zu errechnen sei, wann eine Sekte die Weltherrschaft übernehmen könnte und wie viele Menschen angeworben werden müßten, um dieses Ziel zu erreichen. Folgt man diesen Überlegungen, so ergibt sich als Ziel die totale Inanspruchnahme der Persönlichkeit. Das einzelne Mitglied der Gruppe soll nicht mehr zum Nachdenken kommen, immer stärker an diese gebunden und zum gehorsamen Werkzeug gemacht werden. Untersuchungen zeigen, daß selbst vormals träge Studenten bereit sind, große Anstrengungen zugunsten der neu erworbenen Ideologie auf sich zu nehmen.

Aber was ist der Zweck dieses extremen Einsatzes? Letztlich dient es dem Geld- und Machterwerb der Weltanschauungsgruppe. Um diese Geld- und Machtfülle zu erreichen, muß das einzelne Mitglied nicht nur gehorsam sein, sondern jederzeit an jedem Ort für einen Einsatz zur Verfügung stehen. Neben der Unterwerfung steht jedes Mitglied auch noch einer extremen Form der Ausbeutung gegenüber: geringe Lebenshaltungskosten; total reduziertes Konsum- und Kulturbedürfnis; absolut ungeregelte Arbeitszeiten; Arbeitsleistungen, die weltweit die Gewerkschaften auf den

Plan rufen würden; weit überzogene Geldforderungen, die durch Erspartes, Ererbtes und aufgenommene Kredite abgedeckt werden.

Was sind die Folgen der Zugehörigkeit? Eine bisweilen suchtartige Abhängigkeit im Sinne aller totalitären Regime nach dem Motto: Führer befiehl, wir folgen dir! Das zeigt auch gleich die politische Dimension. Dazu kommt der totale Verlust der Selbständigkeit, da Eigeninitiative aufgrund der oben angeführten Ziele nicht gefragt ist. Selbstverantwortung würde die Gefahr in sich bergen, daß das System durchschaut werden könnte und die Gelder nicht mehr zur Verfügung gestellt würden. Gleichzeitig kommt es zum Verlust der emotionalen Bindung an althergebrachte Beziehungsstrukturen. Das Mitglied entfremdet sich seinem Elternhaus, seinen Geschwistern, Verwandten und guten Freunden, die immer weniger Einblick in seinen Lebenswandel erhalten und dadurch zu Außenseitern werden. Da sie sich gegen die Gruppe stellen, um das Mitglied herauszuholen, wird ihnen der Status des Feindes zugewiesen.

Eine Sekte arbeitet kontinuierlich an der Störung der ehemaligen sozialen Bindungen, bis ein absolut irreales Weltbild entsteht. Das Mißtrauen gegen die Wissenschaft wird von Anfang an gesät, das Zerbrechen der familiären Bindungen ist erwünscht, der Fanatismus wird gefördert. Finanzielle Abhängigkeit ist das Ziel und wird dadurch erreicht, daß man das Mitglied in die individuelle Armut treibt und ihm einredet, ohne die Gruppe gäbe es kein ökonomisches Überleben in der Gesellschaft. Realitätsfremdheit ist die Folge. Sollte sich trotz allem Widerstand regen, wird dieser mit Angst und Terror im Keim erstickt. Abtrünnige, die die Gruppe verlassen, um sich außerhalb ein neues Leben aufzubauen, werden verfolgt und unter Druck gesetzt, bis sie kapitulieren und reumütig in die Gesinnungsgemeinschaft zurückkehren.

Es wird dem Leser schon aufgefallen sein, daß die einzelnen Gruppierungen nicht namentlich genannt und nicht in Ideologie, Akquisitionstechnik und psychischen Folgen beschrieben werden. Um sich darüber einschlägige Informationen zu beschaffen, findet sich im Anhang ein empfohlenes Literaturverzeichnis über diesen Themenbereich. Wir gehen damit der Flut von Klagen aus dem Weg, die eine Namensnennung unweigerlich nach sich ziehen würde. Abgesehen davon wollten wir dieses Kapitel überkonfessionell verfassen, um damit auch geschlossene Untergruppierungen anerkannter Religionsgemeinschaften von Kritik nicht auszunehmen und Eltern im Falle von ähnlichen Funktionsweisen und Strukturen wie den beschriebenen auch davor eingehend zu warnen. Jede ideologische Gemeinschaft, die bei der Anwerbung und Aufrechterhaltung der Mitgliedschaft sowie der Verhinderung eines Austrittes Zwangsmaßnahmen oder psychotherapeutische Techniken einsetzt, mißbraucht letztlich den freien Willen des Menschen, indoktriniert ihn und verhindert damit das höchste Gut der intellektuellen Freiheit: die Suche nach Wahrheit.

Fassen wir noch einmal zusammen und schließen wir keine indoktrinierende Bewegung aus, so ergeben sich folgende Gefahren: die röhrenförmige Einengung in Lebensvollzug und -gestaltung; die Reduktion und Gleichschaltung der emotionalen und sozialen Gedankenwelt auf eine Einheitspersönlichkeit; die Gruppenabhängigkeit, die das Mitglied mehr und mehr in eine unterworfene Position zwingt; die Stagnation oder sogar Rückläufigkeit der Persönlichkeitsentwicklung; die Angst, Schuldgefühle und letztlich auch Scham bei Ungehorsam gegenüber der Gruppe. Die Lebensführung fordert mehr und mehr den ganzen Menschen und geht mit extremen Erschöpfungserscheinungen einher. Der intensive Arbeitseinsatz verhindert jede weitere Berufsausbildung, womit es unmöglich ist, eine soziale Absicherung zu erreichen. Die Folgen sind Berufsunfähigkeit, die ganz im Sinne der Gruppe ist, der Verlust jeder Selbständigkeit und totale ökonomische Abhängigkeit.

Aufgrund des Verlustes sozialer Bindungen außerhalb der Gruppe gewinnt diese selbst mehr und mehr an emotionaler Bedeutung, da der Mensch als soziales Gemeinschaftswesen der Zuneigung, Liebe und Bindung bedarf. Gelingt es der Gruppe, Imaginationen, Erleuchtungserlebnisse und esoterische Einblicke zu vermitteln, so steigert dies die Abhängigkeit. Die Mitglieder zählen dann zu den Eingeweihten, sind Inhaber eines Geheimnisses. Dieses Geheimnis darf nicht preisgegeben werden, andernfalls begeht man Verrat an der Gruppe, der mit schweren Sanktionen belegt wird, was einer Erpressung gleichkommt.

Die Erfahrungen zahlreicher Experten beweisen, daß in derart autoritär geführten Gruppen demokratische Spielregeln beinahe unbekannt sind. Es kommt zur Einschränkung der persönlichen Freiheit im Denken und Handeln. Da sich die Gruppierungen auch einer eigenen Neusprache bedienen, wirkt selbst die Umgangssprache skurril und weltfremd. In der Außenwelt wird diese Sprache nicht verstanden, und das Gruppenmitglied muß gleich einem Kindergartenkind erleben, daß die von ihm angewendete Sprache ganz offensichtlich nicht Allgemeingut ist. Das Mitglied bindet sich so noch stärker an die Gruppe und bricht jede Form der Kommunikation ab, denn nur in der Gruppe kann es mit seinem Sprachgebrauch voll verstanden werden.

Um den Ängsten der Eltern begegnen zu helfen, bedarf es keiner weiteren schrecklichen Details. Wesentlicher ist es, die Frage nach der Prävention zu stellen und welche Rückführungsmaßnahmen für betroffene Mitglieder möglich sind. Wenn als Prävention immer wieder das Gespräch empfohlen wird, so muß betont werden, daß dabei sowohl der Inhalt als auch die Formulierung von Bedeutung sind. Ähnlich wie bei der Sexualerziehung reagiert das Kind vorerst einmal mit Abwehr: *Nicht schon wieder! Das weiß ich ohnehin. Glaubst du wirklich, daß mich das interessiert? Ich bin nicht gefährdet.*

Abwehrhaltung ist die Folge von jugendlichem Mißtrauen gegenüber den Eltern, die beschuldigt werden, ähnliche Indoktrinationsmethoden einzusetzen, wie die von ihnen kritisierten Gruppen. Es bedarf also der elterlichen Geschicklichkeit, Themen niemals auszugrenzen und sie nicht mit erhobenem Zeigefinger in schulisch-pädagogischem Ton vorzutragen. Sie sollten den Jugendlichen eher dazu auffordern, in eine Diskussion einzutreten, in der Neugier geweckt und letztlich auch befriedigt werden kann. Nichts interessiert einen jungen Menschen mehr als seine eigene Wirkung, die Verbesserung seiner Wirkung auf andere Menschen sowie die Beantwortung der Frage nach dem Sinn des Lebens. Letztlich muß von den Eltern ein Klima geschaffen werden, in dem der Jugendliche seine Sinnfragen an das Leben selbst formulieren und auch selbst beantworten kann. Unabhängig von Ideologie wird ein solches Vorgehen niemals gelingen. Eltern müssen also ihre eigene

Position offenlegen, das heißt sie müssen einen Standpunkt beziehen, diesen bestmöglich begründen und ihn dem Jugendlichen gegenüber verteidigen.

Gerade in Gesinnungsfragen wird von den Eltern Standfestigkeit gefordert sein, in weltanschaulicher, ethischer, sittlicher, moralischer, konfessioneller und politischer Hinsicht. Sie müssen zeigen, warum sie sich für oder gegen ein Argument, für die eine und nicht für die andere Lebensart entschieden haben. Gleichzeitig muß aber glaubhaft versichert werden, daß man neuen Argumenten gegenüber offenbleibt, ohne gleich die alten über Bord zu werfen. Dies gilt im besonderen Maße auch für Glaubensfragen. Dazu bedarf es Mut, Zivilcourage und Toleranz gegenüber der scharfen, manchmal auch kränkenden Kritik des Jugendlichen. Wenn sich Eltern darauf einlassen, so müssen sie auch zulassen, daß einige ihrer Einstellungen abgelehnt werden, ohne daß deshalb das Vertrauen oder die Zuneigung zum Kind gebrochen wird. Sie müssen zugeben, wenn sie etwas nicht wissen, daß dieses Nichtwissen keine Schande ist, sondern eine Herausforderung, neue Erkenntnisse, wenn möglich gemeinsam, zu erwerben.

In der Therapie oder Elternberatung verwenden wir oft folgende Metapher: Ein Schiff ist nur dann zu steuern, wenn man über Fixpunkte für die Navigation verfügt. Solche Fixpunkte können heute Satelliten oder wie in früheren Zeiten der Polarstern, eine Boje oder eine Kirchturmspitze sein. In der Erziehung stellen diese Fixpunkte die Eltern dar, und der Jugendliche ist das Schiff. Die Eltern sollten also in ihren Meinungen und Handlungen fest verankert sein, damit der Jugendliche sicher navigieren kann. Würden sich die Fixpunkte und das Schiff gleichzeitig bewegen, verliert dieses leicht die Orientierung und wird zwangsläufig stranden oder auf ein Riff auflaufen.

Bei aller Toleranz gegenüber anderen Meinungen und Weltanschauungen muß bei Gesinnungsgemeinschaften auf die Gefahr von Indoktrinierung besonders hingewiesen werden. Jungen Menschen muß immer wieder vor Augen geführt werden, daß sie oft noch nicht stark genug sind, um sich zu behaupten, wenn Vollprofis bei der Anwerbung eingesetzt werden. Je häufiger und öfter über solche Fragen diskutiert und der Jugendliche in seiner Wißbegier herausgefordert wird, desto sicherer ist seine Abwehrstrategie, zumindest seine Bereitschaft, Eltern und nahe Vertrauenspersonen in den Werbungsprozeß einzubeziehen. Deklariert sich eine Gruppierung nicht vollinhaltlich in Anwerbung, Ziel, Sinnfragen und Ideologie, hat sie als suspekt zu gelten, da Offenheit und Beantwortung jeder gestellten Frage aus unserer Sicht für jede Gesinnungsgemeinschaft selbstverständlich sein sollte.

Ist ein Familienmitglied bereits angeworben worden, so entsteht üblicherweise Panik. Das für unmöglich Gehaltene ist eingetreten. Niemand ist darauf gefaßt. Die an sich für intelligent erachtete Person wird dann entweder für verrückt erklärt, oder man glaubt, sie mit einem einmaligen Gespräch aus der Situation herausholen zu können. Beides sind untaugliche Mittel, weil die Gruppen darauf vorbereitet sind, was jahrzehntelange Beobachtungen belegen. Der Versuch, nur durch richtige Argumente jemanden zur Rückkehr zu bewegen, endet meist im Frustrationserlebnis. Sollte es einen aufrechten Kontakt zu einem Familienmitglied in einer Gruppe geben, so muß man sich auf ein monate-, oft jahrelanges Tauziehen mit absolut ungewissem

Ausgang einstellen. Solange es sich um einen Jugendlichen handelt, sieht die Rechtslage für die Eltern nicht ungünstig aus. Schließlich gilt die rechtsrelevante Situation, daß das Kind dem Erziehungseinfluß entzogen wurde. Schwieriger ist die Lage bei älteren Jugendlichen, die das 19. Lebensjahr bereits überschritten haben, da sie dann volljährig sind und ihren Aufenthaltsort frei und selbständig bestimmen können.

Geht es darum, einen Menschen aus einer Sekte zu lösen, geistert immer wieder der Ruf nach Hilfe durch psychotherapeutische Techniken, vor allem der Begriff des Deprogrammierens, durch Medien und diverse Ratgeber. Geht man von der Voraussetzung aus, daß Indoktrination nach einem bestimmten Programm von der Gesinnungsgemeinschaft angewendet wird, so drängt sich zwangsläufig der Gedanke auf, daß im umgekehrten Verfahren eine Heilung erwartet werden kann. Abgesehen davon, daß die allfällige Entführung eines Menschen aus seiner Umgebung verboten ist, läßt sich der Teufel nicht mit dem Beelzebub austreiben. Man sollte nicht die gleiche Methode anwenden, mit der man den Jugendlichen an die Gruppe verloren hat, um ihn wieder zurückzugewinnen. Zweifellos sind psychotherapeutische Techniken geeignet, einem Menschen zu helfen, wenn er die aufgesuchte Gemeinschaft wieder verlassen möchte. Dazu ist es aber notwendig, daß seitens des Klienten oder Patienten der entsprechende Leidensdruck vorhanden ist und damit auch der Wille zur Behandlung. Er muß eine ausreichende Motivation mitbringen, sich helfen zu lassen. Häufig sind mehrmalige Anläufe nötig, um diesen Schritt zu schaffen.

Am Beginn einer Rückführung muß das Erlebnis des

Angenommenwerdens durch die Familie stehen. Eltern müssen eindeutig und glaubhaft vermitteln, nicht in Vorwurfshaltung verharren zu wollen. Der Therapeut muß vermitteln, daß er vorbehaltlos helfen möchte, und dies ohne pädagogisch erhobenen Zeigefinger. Er muß ein Gesprächsklima und Arbeitsfeld schaffen, in dem Katharsis möglich ist: also ein Bekennen von Verhalten, Fehlverhalten, Irrtümern und dem Schamgefühl, Irrtümern erlegen zu sein. Die innere Abwehr, sich solche Gefühle einzugestehen, ist groß. Daher sind die Ängste dementsprechend vielfältig. Diese Ängste müssen abgebaut werden: die Angst vor dem Verlassen der Gruppe sowie der damit verbundenen Strafmaßnahmen; die Angst vor dem eigenen Mut; auch die Angst vor der Angst vor dem eigenen Mut; schließlich die Angst davor, eine Ideologie zu verraten, die darauf abgezielt hat, magische Urängste des Menschen zu schüren.

Es ist also nur logisch, daß in der Therapie vor allem die Vermittlung eines Sicherheitsgefühles im Vordergrund steht. Das durch Indoktrination und den energieraubenden Lebensstil geschwächte Ich muß gestärkt werden. Das Denken, Fühlen, Wollen und Handeln muß neu geordnet und gesichert werden. Nur die Gewißheit, wieder auf sich selbst vertrauen zu können, eigene Gedanken fassen zu dürfen, den eigenen Gefühlen nicht mißtrauen zu müssen, mit ruhigem Gewissen sagen zu dürfen: Das will ich und das nicht! wird zu einer Heilung und Rückführung beitragen. Diese Schritte werden frühkindlichen Gehversuchen gleichen, und oftmals wird der Heimkehrer stolpern. Daher muß behutsam vorgegangen werden.

Die Wiederherstellung des Realitätsbezuges wird nicht gelingen, wenn man dem Betroffenen vor Augen führt, wie unsinnig die Welt gewesen ist, in der er sich bewegt hat. Es muß durch Argumente sowohl die positive wie die negative Seite der Gruppe gezeigt werden. Jede Glaubensgemeinschaft vermittelt bereits *per definitionem* Gedankengut, das sich kognitiven und rationalen Kriterien entzieht. Das bedeutet, daß das Bedürfnis des rückzuführenden Menschen nach transzendentaler Wertesuche nicht ignoriert werden darf. Sobald der Realitätsbezug im Hinblick auf Zukunft, Arbeit, Wiedereingliederung und allfälliger Fortsetzung von Schul-, Lehr- oder Studienausbildung erzielt ist, muß ein behutsames Probehandeln beginnen. Die Helfer sollten dabei ein hohes Maß an Wir-Erlebnissen vermitteln. Der Verlust der Gruppe muß in der täglichen Praxis geübt und das daraus entstandene Vakuum gefüllt werden. In der Gesinnungsgemeinschaft war die Gruppe alles, in der Welt außerhalb ist die Individualität der Angelpunkt.

Jeder noch so kleine Schritt zurück in die allgemeine, soziale Gemeinschaft, in emotionale Bindungen, die abgebrochen wurden, bedarf der Sicherung des jeweils Erarbeiteten durch Ermutigung und Bestätigung sowie ein enges soziales Auffangnetz. Es muß die Gewißheit vermittelt werden: Ich bin kein Ausgestoßener, ich gehöre wieder dazu. Dabei sind Zukunftsperspektiven (die Ziele sollten nicht zu hoch gesteckt sein) zu setzen, damit erste Etappenerfolge für die Realitätsanpassung genützt werden können.

Das schwierigste ist zweifellos, die zu erwartenden Rückfälle zu verkraften, für die Familie ebenso wie für die therapeutischen Helfer. Die ehemalige Gruppe wird versuchen, mit ideologischem Druck und Panikmache den Erfolg der Rückführung zu sabotieren. Aussteiger aus solchen Gruppen wissen ein Lied vom Terror zu singen, dem sie am Arbeitsplatz, in der Familie oder im Privatleben ausgesetzt sind. Sie werden telefonisch bedroht, beschimpft, umschmeichelt, geängstigt und an einst geleistete Schwüre erinnert. Vor allem werden magische Ängste intensiv geschürt, handelt es sich ja zumeist um irrationale Bereiche des menschlichen Lebens, die von derartigen Gruppen angesprochen werden.

Eltern müssen sich gegen alle Widerstände eine positive Erwartungshaltung bewahren, dürfen unter keinen Umständen Zugang zu Geld oder Besitztümern ermöglichen. Notfalls sollten Kinder notariell enterbt werden. Zugänge zu gemeinsamen Bankkonten oder Kreditkarten sollten sofort gesperrt werden.

Manche Reaktionen werden der Umwelt brutal und hart erscheinen, aber sie sind wichtig, um der ehemaligen Gruppe zu signalisieren, daß bei den Eltern nichts zu holen ist. Eltern können versuchen, ihre eigenen Ängste oder Belastungen mit Selbsthilfegruppen und therapeutischer Hilfe zu minimieren. Sie sollten sich dabei auch mit der eigenen Einstellung zu Transzendenz, Religion und Mystik beschäftigen, um zu begreifen, warum ihre Kinder in einer Extremvariante diesen gefolgt sind oder sich von diesen abgegrenzt haben. Um Erfolge zu erzielen, sollten Eltern aber auch ausreichend Toleranz für die Argumente Andersdenkender aufbringen.

Es mag vielleicht verwundern, daß in diesem Kapitel keine lebensnahen Beispiele dargestellt wurden. Dies geschieht aus Datenschutzgründen. Verfremdungen, wie sie bei den anderen Fallgeschichten vorgenommen wurden, würden im Fall von Gesinnungsgemeinschaften den Wesenskern verändern. Würden wir aber die Fallgeschichten direkt aus dem Leben greifen, wäre es den einzelnen Gemeinschaften möglich, die Verräter ausfindig zu machen und sie neuerlich unter Druck zu setzen.

Extremismusgruppen

Wenn Weltanschauungsfragen in diesem Buch aufgeworfen werden, so sind auch Extremismusgruppen anzusprechen, die ein hohes Maß an Verführungspotential beinhalten. Wenn Jugendliche sich verführen lassen, dann kann das viele Ursachen haben – sei es, daß sie die vorhandenen elterlichen Anschauungen für zu wenig durchsetzungsfähig, für zu wenig deutlich artikuliert oder gelebt halten oder daß sich Jugendliche aus Abgrenzungs- und Oppositionshaltung Extremismusgruppen zuwenden. Jede Extremismusgruppe sucht nach neuen Mitgliedern und fördert den Zulauf. Dabei ist es völlig gleichgültig, ob eine solche Gruppe rechts- oder linksradikal ist. Jede dieser Gruppen hat in ihrer Ideologie eine durchaus vertretbare Moral, die, auf die Spitze getrieben, letztlich ein antisoziales Gewissen beinhaltet, das aber nach den Spielregeln des »normalen« Gewissens funktioniert. Viele der heute gültigen Rechts- und Gesellschaftsformen wurden mit Gewalt und Terror, aber unter dem Aspekt installiert, »nach reinem Gewissen« zu handeln. Da der Jugendliche zu Übertreibung, Extremismus und rascher Umsetzung von Ideen neigt, ist er ganz besonders gefährdet, wenn er keine entsprechend kritische Haltung, ideologische Festigung und Diskussionskultur erlernt hat.

Ängste von Eltern sind nur dadurch zu mildern, daß sie sich auf eine intensive und bisweilen kontroverse Diskussion einlassen und gegebenenfalls auch Diskussionspartner dazu einladen, die unterschiedliche Gesichtspunkte in Dialog- und notfalls auch Streitkultur vermitteln. Anwerber von Extremismusgruppen nützen das alterstypische Aggressionspotential des Jugendlichen, um ihr Verhetzungsziel zu erreichen. Nur wer geschult ist, Kontrapositionen aufrechtzuerhalten, wird davor gewappnet sein, sich leichtfertig solchen Gruppen anzuschließen. Vor allem bei politischen oder ideologiearmen Extremismusgruppen, denen es letztlich um reine Terror- und Gewaltanwendung geht, gilt für die Ängste der Eltern: »Sage mir, wer deine Freunde sind, und ich sage dir, wer du bist.«

Dies darf nicht dazu führen, grundsätzlich jeden mißliebigen Freund oder jede nicht zum gesellschaftlichen Kontext passende Freundin abzulehnen, sondern vielmehr, sich in Toleranz und Bereitschaft zur Diskussion mit diesen Jugendlichen auseinanderzusetzen, um zu erfahren, in welcher Welt diese leben und welches Verführungspotential sie für das eigene Kind darstellen.

Sucht- und Abhängigkeitsverhalten

In den letzten Jahren wurden zahllose Abhandlungen über Alkohol-, Drogen- und auch Medikamentensucht geschrieben, die das Suchtverhalten von verschiedenen Seiten beleuchten. Der Bogen ist weit zu spannen: von der klassischen Alkohol-, Medikamenten- und Drogensucht über die Spielsucht, die Arbeitssucht, die Selbstsucht, die Eßsucht, die Kaufsucht bis hin zur Herrschsucht und anderem mehr.

Da dieses Buch von Elternängsten handelt, wollen wir hier nicht den Begriff der Sucht verwenden, sondern lieber von Abhängigkeiten sprechen. Im Fall der Sucht wird von Gewohnheitsbildungen gesprochen, von einem ständigen Verlangen ohne Zwang, von einer allfälligen Dosissteigerung mit folgender psychischer und körperlicher Abhängigkeit. Bei einem Abhängigkeitsverhalten, von dem wir sprechen wollen, handelt es sich um jene Abhängigkeiten, die uns im alltäglichen Leben begegnen und von denen unsere Kinder und Jugendlichen umgeben sind. Es gilt, diese Gefahren aufzuzeigen und präventive Maßnahmen vorzuschlagen, um so die Ängste der Eltern zu mindern. In diesem Zusammenhang ist es wichtig, sich mit Suchtverhalten im allgemeinen auseinanderzusetzen, sozusagen mit dem Morgen danach, mit jenem Augenblick, da Eltern Einblick in die Abhängigkeiten ihrer Kinder erlangen. Alle primär identifizierten und erkannten Abhängigkeiten werden abgewehrt, indem man sich selbst oder der Umgebung gegenüber versichert, ab morgen werde alles anders. Meist wird aber der gefaßte Plan bereits am darauffolgenden Tag um einen weiteren Tag verschoben. So wird der Vorsatz zum ewigen Vorsatz.

Zur Einstimmung auf die Frage von Abhängigkeiten und zum Verständnis der eigenen Ängste wollen wir uns mit den Voraussetzungen für deren Entstehung befassen. Folgen wir dem eingangs vorgegebenen 4-Felder-Schema: Körperlichkeit, Intellektualität, Emotionalität und Sozialisation, so können wir in unserem eigenen Alltagsleben beobachten, daß wir ein Volk von Medikamentophagen sind. Unter diesem Begriff versteht man Menschen, die leicht und gerne, ohne wesentliche Beschwerden aufzuweisen, zu Medikamenten greifen. Dabei ist es egal, ob es sich um einen morgendlichen Kopfschmerz, eine leichte Halsentzündung, Gliederschmerzen, extreme Müdigkeit, Verstopfung, Durchfall oder Konzentrationsunfähigkeit handelt – der Griff zur Pillenschachtel ist selbstverständlich. Die Werbung tut das Ihre dazu. Etwa ein Drittel der Werbung in Billigblättern und wöchentlichen Illustriertenratgebern sind Medikamenten- oder Wundermittelanzeigen: ein medialer Trommelwirbel der am eigenen ökonomischen Erfolg interessierten Pharmawerbung, die uns raschen Erfolg bei Krankheit und totale Steuerbarkeit von Gesundheit mit dem Slogan: *Alles ist machbar* verkauft.

Paart sich die Sehnsucht nach Gesundheit mit modernen, alternativen Heilmethoden und wird sie esoterisch mit magisch-mystischen Heilversprechungen unterlegt, so entwickelt sich jene Welt, die von dem Arzt und Psychoanalytiker Horst-Eberhard Richter als Sanatoriumsfamilie dargestellt wird. Bereits beim täglichen Frühstück wird ein medizinisches Befindlichkeitsbulletin kundgetan, das von guten Ratschlägen begleitet wird, wie und was man gegen die nicht optimale Befindlichkeit unternehmen kann. Ein Kind, das in dieser Atmosphäre aufwächst, glaubt schließlich an das Wundermittel Pille oder Tablette. Es wird durch die Erziehung nicht mehr erfahren, daß Störungen ein wichtiger Teil des menschlichen Lebens sind und daß wir lernen müssen, damit umzugehen. Erlebt das Kind in seiner Umgebung den Medikamentenkonsum als Beigabe zur Ernährung, darf man sich nicht wundern, wenn Wohlbefinden auch über die Einnahme von bewußtseinsverändernden Drogen gesucht wird. Dann konsumieren Jugendliche Drogen wie die Pille zum sonntäglichen Schweinebraten, um sich wohl zu fühlen.

Damit wollen wir nicht sagen, daß die Segnungen der Medizin, vor allem jene der organischen Medizin, nicht genützt werden sollen. Es ist unsere Aufgabe, alle, auch ungewöhnliche medizinische Methoden anzuwenden, wenn sie der wissenschaftlichen Überprüfung standhalten. Gleichzeitig wollen wir aber eine klare Absage an jene Medizin erteilen, die sich vom Modell einer Ganzheitsmedizin verabschiedet. Denn die Lehre der Medizin ist so alt wie die Menschheit selbst. Es ist falsch zu glauben, es könne eine andere, neuere, alternative Medizin geben. Es gibt immer nur die eine Medizin, die dem Menschen verpflichtet und um seine Heilung bemüht ist.

Ein gutes Beispiel für falsche Versprechungen im pharmazeutischen Bereich sind Antidepressiva. Gerade hier sind Erwachsene für Werbemethoden besonders anfällig. Sie werden angepriesen, als würde bereits durch die Einnahme von ein oder zwei Tabletten ewige Glückseligkeit zur Wirklichkeit. Eltern sollten sich darüber klar werden, daß nicht jede auftretende Befindlichkeitsstörung durch einen Griff in die Tablettenschachtel behebbar ist.

Ein weiteres Beispiel, wie wir diesem Irrtum nur allzuleicht erliegen, ist der Gebrauch oder Mißbrauch von Appetitzüglern. Es handelt sich dabei um Substanzen, die den Grundumsatz des menschlichen Körpers steigern. Jede Steigerung des Stoffwechsels zieht aber nach sich, daß der gesamte Organismus den üblichen Ablauf seiner Funktionen steigert, denn Fettsubstanzen können nur abgebaut werden, wenn auf höheren Touren gelaufen wird. Dabei kommt es zu massiven Schädigungen der Kreislauforgane, die ja notwendig sind, um genügend Sauerstoff in jene Gegenden des Körpers zu pumpen, wo er aufgrund des erhöhten Bedarfs gebraucht wird. Die Werbung spricht derartige Gefahren nicht deutlich genug an. Durch andauernden Konsum von Appetitzüglern entstehen aber Belastungen, die den Organismus erheblich gefährden.

Kinder erleben in unserem Kulturkreis die selbstverständliche Einnahme von Medikamenten, etwa entsprechende Tropfen bei extrem niedrigem Blutdruck. In einem Viertel aller Handtaschen von Damen zwischen dem 20. und 50. Lebensjahr befinden sich Kreislaufmittel, die bei Abgespanntheit und Müdigkeit zur geistigen Effizienzsteigerung und Dynamik eingenommen werden. Ein weiterer Bereich, der mit hoher Wahrscheinlichkeit zur Medikamenteneinnahme führt, ist Streß. Streß tritt vor allem dann auf, wenn Menschen in einer begrenzten Zeiteinheit mehr erledigen wollen, als ihrem Körper möglich ist. Somit begibt sich der Mensch aus selbst erzeugtem Druck in eine permanente Zeit-Leistungs-Schere. Diesem Druck kann er nur durch körperliche Reaktionen oder durch von außen zugeführte Substanzen wie Medikamente begegnen. Er muß sich wieder fit machen.

Wie erlebt ein Kind seine Eltern? Häufig in Hektik, gereizt, andauernd in Bewegung, ohne Entspannungsphasen einzulegen. Kaum wird einmal eine Erholungs- und Beruhigungszeit eingeschoben, so wird sofort wieder nach neuen Leistungen gesucht, die erbracht werden könnten. Als Beispiel könnte man das Häuslebausyndrom anführen, bei dem es unter anderem darum geht, den Kindern aus Eigensucht vorzuführen, daß diese Arbeitsleistung deshalb vollbracht wird, damit es den Kindern eines Tages besser geht. Schließlich werde das Haus ja nur für die Kinder gebaut. Daß dieser Schluß nicht stimmt, ergibt sich schon rein rechnerisch. Eltern werden heute zumeist 80 Jahre alt, und das Haus wird frühestens an die Enkelkinder vererbt.

Streß entsteht aber auch aus dem Fitnessdenken. Wir wollen immer *up to date* sein, wir schonen uns nicht, gönnen dem Körper keine Ruhe. Wer nicht fit ist, ist krank. Der Druck erhöht sich, und wieder wird zu Medikamenten gegriffen. So beginnt ein endloser Kreislauf. Auch hier wird transparent, wie sehr das elterliche Vorbild Basis für späteres Suchtverhalten der Kinder ist.

Intellektuelle Abhängigkeiten

Was für körperliche Beschwerden gilt, gilt auch im Bereich der Intellektualität, denn auch im intellektuellen Bereich müssen wir immer *up to date*, immer voll verfügbar sein. Gut drauf zu sein, gehört zur Leitdevise der neuen Generation und ist Sinnbild für den anzustrebenden Zustand der Vollkommenheit. Diese Vollkommenheit will man aber nicht nur mit Konzentrationstrainings, also mentalen Übungen, oder Entspannungsübungen wie autogenem Training erreichen, sondern vor allem mit dem Griff nach der Pillenschachtel. Besonders in Phasen mangelnder Konzentration in der Pubertät, wo die Konzentrationsfähigkeit im allgemeinen nachläßt, da die körperlichen und geistigen Veränderungen des Kindes zum Erwachsenen viel Energie verschlingen, wird bei Ärzten Rat gesucht. Sie werden mit der Bitte konfrontiert, man möge dem Kind zwecks besserer Konzentration, sprich adäquater Lernleistungen, doch ein Medikament verordnen. Es wird eine Art Doping gefordert, um die Leistungsfähigkeit zu steigern und das Kind durch die kritische Phase zu bringen. Gäbe es irgendwo auf dieser Welt ein Präparat, das aus schwachbegabten Menschen intelligente, aus unkonzentrierten Energiebündel, aus faulen Menschen fleißige machen würde, so wäre es ein Verkaufsschlager.

Gerade intellektuelle Leistungsfähigkeit ist eng verbunden mit dem Gefühl der Ausgeglichenheit. Seelische Stabilität und Ausgeruhtheit sind aber Faktoren, die gerade im Pubertätsalter einfach nicht vorhanden sind. Dies führt dazu, daß das energetische Gleichgewicht zuungunsten der kognitiven Leistungsfähigkeit verschoben ist. Es ist nun einmal schwer für Eltern zu ertragen, daß ihr Wunsch nach großartigen Leistungen ihres Kindes durch offensichtliche Trägheit und mangelnde Konzentrationsfähigkeit enttäuscht wird. Natürlich machen sich die Eltern Sorgen und vergleichen ihre Kinder mit anderen Jugendlichen. Doch kaum eine Kritik ärgert Jugendliche mehr als der Vergleich mit anderen. Grundsätzlich werden von Eltern vor allem Jugendliche zum Vergleich herangezogen, die leistungsstark und in ihrer Sozialisationsphase leicht handzuhaben sind. Dabei bedenken Eltern aber nicht, daß dieselben Jugendlichen die Pubertät und damit die schwierige Phase erst vor sich oder schon hinter sich gelassen haben. Kinder freuen sich über Mißerfolge ihrer Gegenspieler dann ganz besonders: Siehst du, auch dein »Paradepferd« kann versagen. Vergleicht man aber Kinder mit anderen, so sind auch jene zum Vergleich heranzuziehen, deren Pubertät dramatischer, problematischer und unausgeglichener erfolgt, als dies bei den eigenen Kindern der Fall ist.

Es mag Eltern ja mit viel Stolz erfüllen, wenn ihre Kinder problemarm bis problemfrei durch die Entwicklungsphase der Pubertät und Adoleszenz gleiten. Aber wir sollten dennoch die Frage stellen, ob Problemarmut wirklich nur Ausdruck von nichtvorhandenen Konflikten ist oder ob diese nur nicht wahrgenommen werden oder verdeckt und verschoben sind. Verdrängte Konflikte treten mit Sicherheit in einer späteren Lebensphase zutage, wo sie möglicherweise eine dramatischere Wirkung entfalten, die erst durch eine langwierige psychoanalytische Therapie aufzuarbeiten ist.

Emotionale Abhängigkeiten

Auch emotional verläuft die Pubertäts- und Adoleszentenentwicklung nicht problemfrei. Gerade gleichgeschlechtliche Freundschaften, die fast schon Suchtcharakter haben können, ängstigen Eltern häufig. Sie fragen sich, ob ihr Kind eine normale Entwicklung nimmt. Mit Eintritt in die Frühphase der Pubertät schließen sich Mädchen zu engen Mädchenfreundschaften zusammen. Kaum von der Schule heimgekehrt, werden die neuesten Erfahrungen und die eigenen Befindlichkeiten per Telefon mit der besten Freundin ausgetauscht. Jede Störung der Beziehung führt zu Eifersüchteleien, Loyalitätskonflikte mit Freundinnen geraten zu Katastrophen und erzeugen Weltuntergangsstimmungen. Solche Bindungen werden permanent auf ihre Stabilität geprüft. Knabenfreundschaften verlaufen anders, sind aber ebenso von Abhängigkeiten gekennzeichnet. Wie auch bei den Mädchen geht es stets um die Fragen: Wie bin ich? Wie werde ich? Wie wirke ich auf andere? Wie wirken andere auf mich? Diese engen Freundschaftsbindungen sind eine notwendige Voraussetzung, um sich vom Elternhaus zu lösen. Die Bindungspotentiale bleiben die gleichen, nur ihre Orientierungen verschieben sich.

Die Ängste der Eltern vor emotionalen Abhängigkeiten ihrer Kinder treten vor allem dann auf, wenn sie fürchten, ihre Kinder könnten zu stark unter den Einfluß von einer Person gelangen. Da diese Person vom Kind selbst gewählt ist und die Eltern darauf keinen Einfluß haben, erhöht sich ihre Unsicherheit und Angst. Häufig entspricht die Person nicht den Vorstellungen der Eltern. Sehr häufig spielen Milieufragen der Freundin oder des Freundes eine Rolle. Eltern erleben das extrem enge Bindungsverhalten an Familienfremde als massive Belastung und oft auch als Bedrohung. Dies wird noch durch das Verhalten der Jugendlichen verstärkt, die alles Außerfamiliäre als besser, sinnvoller und wertvoller qualifizieren. Zudem sehen Eltern in solchen Abhängigkeiten die latente Gefahr der sexuellen Verführung ihrer Kinder durch ältere Personen.

Soziale Abhängigkeiten

Kaum etwas stört einen Jugendlichen so sehr wie die sozioökonomische Abhängigkeit vom Elternhaus. Diese Form der Abhängigkeit ergibt sich zwangsläufig aus dem Schul-, Ausbildungs- und Lehrstand des Jugendlichen. Lösungsmöglichkeiten für dieses Konfliktpotential gibt es kaum, denn bis auf geringe Einnahmen durch Ferienjobs kann der Jugendliche noch keine ökonomische Unabhängigkeit erreichen. Die Bedürfnisse des Jugendlichen kollidieren mit den restriktiven Anschaffungserfordernissen, denen die Eltern Priorität einräumen. Dazu kommt verschärfend, daß der Jugendliche jeden Wunsch sofort in die Tat umsetzen möchte, wofür Eltern wiederum kaum Verständnis aufbringen können. So kommt es oft zum offenen Konflikt.

Konsumabhängigkeit
Eine Variante der sozialen Abhängigkeiten ist die Konsumabhängigkeit. Ein Wunschobjekt wird zum Kultobjekt, und Besitzdenken führt zum unbedingten Willen, das Objekt der Wahl möglichst rasch in die Hände zu bekommen. (Dieses Phänomen zeichnet ja letztlich auch engagierte Sammler aus.) Die Werbung benutzt dieses Verhalten und setzt früh mit unbewußt stimulierenden Mechanismen ein. Farbe und Form eines Objektes erscheinen Monate, bevor es direkt und voll beworben wird. Trendsetter setzen das Objekt der Wahl entsprechend in Szene. Die Schwierigkeit bei der Beschaffung des Objektes erhöht den Reiz und Status des

Besitzers. So gehen Abhängigkeiten vor allem von kurzlebigen Kulturgütern in der Jugendszene aus. Die Kurzlebigkeit ist ein wesentlicher Bestandteil des Marktes, da ja jede Jugendgeneration die nächste durch neue Trends überholen muß (was gleichzeitig zur Wegwerfkultur führt). Ob es sich nun um Sport-, Mode-, oder elektronische Waren handelt, der Besitz ist ein Muß. Trendcharts in Jugendzeitschriften versuchen, frühzeitig Abhängigkeiten von Kultobjekten zu erzeugen. *Trendy* sein ist *in*, und *in* zu sein ist alles.

Spielsucht

Auch die Spielsucht muß zu den sozioökonomischen Abhängigkeiten gezählt werden. Jedem Menschen wohnt ein Spieltrieb inne. Von frühesten Kindestagen an nähert sich der Mensch spielerisch der Welt. Wir entdecken durch das Spiel, wir experimentieren mit Versuch-Irrtum-Lernen, wir erproben eigene Fähigkeiten und Fertigkeiten, und wir bewältigen damit unseren Alltag. Tritt das Kind in die Erwachsenenwelt ein, so wird aus dem Spiel zunehmend Ernst. Das Spielen wird mehr und mehr aus dem Leben verdrängt und nur mehr als Freizeitbeschäftigung gesehen. Die Vielzahl an Denkspielen, Lebenssimulationsspielen, Unterhaltungs-, Ablenkungs- und Entspannungsspielen zeigt aber, daß der Mensch auch im Erwachsenenalter ein *homo ludens*, ein Spieler, bleibt. Dies ist erfreulich und wünschenswert und birgt nur dann Gefahr in sich, wenn die Spiellust einen zwanghaften Suchtcharakter bekommt.

Unter der Devise Sport, Spaß und Spiel wächst eine Jugend heran, die sehr häufig das Element des Spiels mit dem der Konsumkultur vereint. Gefährlich wird für Eltern das Spiel ihrer pubertierenden Kinder erst dann, wenn auf das Spiel mehr und mehr Aufmerksamkeit verwendet wird und es Ausschließlichkeitscharakter annimmt. Wird nicht mehr gespielt, weil es Spaß macht, sondern weil man unbedingt gewinnen will, droht Gefahr. Die Lust am Spiel tritt in den Hintergrund, man will sein Glück nun erzwingen. Vor allem Jugendliche geraten leicht auf Abwege, wenn sie meinen, Glück oder, deutlicher gesagt, Gewinnmaximierung ohne Arbeitseinsatz in kurzer Zeit erreichen zu können. In Beratungssituationen mit Jugendlichen, die sich rasch erworbenen Reichtum zusammenphantasieren, wird oft gemahnt: Ohne Arbeit wirst du nur durch Kriminalität, nämlich Stehlen und Betrügen, oder durch Prostitution reich. Beide Wege sind abzulehnen, es bleibt also nur die ehrliche Arbeit.

Spielen auf Gewinn basiert auf dem Glauben, den großen Reichtum ohne Arbeitseinsatz zu erreichen. Anders wäre es nicht verständlich, daß Woche für Woche Millionenumsätze gemacht werden, weil Menschen glauben, daß sie aus 45 Zahlen 6 richtige erraten könnten. Der Leser selbst möge folgenden Test mit sich selbst machen: Nehmen Sie an, daß in der kommenden Woche die Zahlen 1, 2, 3, 4, 5 und 6 gezogen werden? Warum glauben Sie nicht an diese Wahrscheinlichkeit? Diese Zahlenfolge wird mit der gleichen Wahrscheinlichkeit gezogen wie jene Zahlen, die nach der Ziehung veröffentlicht werden. Sie glauben nur an die Magie von Zahlen. Statistisch gesehen, ist jede Zahlenkombination gleich wahrscheinlich.

Gewinnsüchtiges Spielverhalten hat schon vielen Menschen Unglück gebracht. Es manifestiert sich sehr häufig bereits in der Pubertät. Nicht jene harmlosen Spiele, in denen um Zündhölzer oder Groschenstücke gepokert wird, bergen Gefahren in sich, das eigentliche Problem ist die Vorstellung, das Glück ließe sich erzwingen. In einer immer rationaleren Welt ist das Spiel auch ein Fluchtort. Den können Eltern aber auch bewußt nutzen, indem sie sich bemühen, das Spielverhalten ihrer Kinder, sowohl bei Gewinn als auch bei Verlust, mitzuprägen. Spielen Sie mit ihren Kindern und Jugendlichen, aber spielen sie ehrlich. Schwindeln und betrügen Sie nicht. Ärgern Sie sich über einen Verlust und freuen Sie sich über einen Gewinn. Werten Sie den Verlierer nicht ab. Spielen Sie nicht um Geld oder größere Gewinne. Entmystifizieren sie die Phantasie, auf einen Schlag reich werden zu können, und warnen Sie vor Berufsspielern. Diese verstehen den Jugendlichen in seinem Narzißmus und ködern ihn, indem sie seine Herausforderung annehmen. So ein Spiel geht aber immer zuungunsten des Jugendlichen aus, auch wenn er anfänglich Gewinne macht. Das gehört zum System. Es liegt im Interesse jedes Glücksspielmonopols zu werben. Der Umgang mit psychologischen Tricks der Werbung verdient die elterliche Aufmerksamkeit und mahnt zur Vorsicht in der Erziehung.

Exkurs: Die Internet-Kids

Mit großem Befremden nimmt die Elterngeneration heute wahr, daß sich die Kommunikation ihrer Kinder dramatisch verändert hat. Die Faszination des Zugangs zu Internet und Globalisierung der Kommunikation insgesamt hat ein erschreckendes Ausmaß angenommen. Anfangs stand die beobachtende Neugier und ein gewisser Respekt der Eltern im Vordergrund, daß sich die neue Generation mit den modernen Medien zu verständigen weiß, deren Basistechnik zu verstehen den Eltern aus Scheu nicht gelang. Daraus entwickelt sich heute allerdings eine Informations- und Transformationskultur, die zu einer bisher nie dagewesenen Isolation führt. Jedwede Information ist jederzeit erreichbar, abrufbar, in hoher Kapazität speicherbar und in Sekundenbruchteilen auf einem Display in jedem Teil der Welt ablesbar. Reale Szenen aus der Welt des Krieges tauchen in Spielen eines »Gameboy« auf und ermöglichen es den Kindern, den Krieg und seine Auswirkungen durch Bombenabwürfe im eigenen Wohnzimmer zu simulieren und zu trainieren. Selbst Spiele, die zu zweit mit der »Playstation« gespielt werden, ersetzen den Wettkampf mit dem anderen durch den Kampf des einzelnen gegen die Maschine.

Die Möglichkeiten der elektronischen Datenverarbeitung und -vermittlung verändern aber nicht nur die einzelnen Jugendlichen und deren Kommunikation, sondern auch die der Bildungsinstitutionen. Die Informationstechnik, mit der der Schüler oft besser vertraut ist als der Lehrer, hat auch seine Kenntnisse über die der Lehrer erhoben. Die im Labyrinth der PC-Welten ungeübten Erwachsenen fühlen sich in die Irre geführt und sind von den Jugendlichen als ihren *guides* aus diesem Irrgarten beinahe abhängig. Kennen die Erzieher überhaupt die Programme, die von den Jugendlichen ganz selbstverständlich konsumiert werden? Und müssen nicht neue Maximen der Erziehung diskutiert werden? Wer darf wie oft und wie lange an einem Bildschirm sitzen? Können die neuen Medien den Schülern das Lernen ersparen? Zweifellos sind Diskettenprogramme amüsanter und weniger ermüdend als das Pauken von konventionellem Lernmaterial. Zur Informationsbeschaffung ist der morgendliche Blick in die Zeitung längst dem Abrufen von »bookmarks« im Internetprogramm gewichen.

Lese- und Schreibstörungen gehören scheinbar der Vergangenheit an, seit jedweder Text in der Maschine gelesen, jede Arbeit durch Rechtschreibprogramme korrigiert werden kann.

Auf leisen Sohlen finden die Verführungen der sich bewegenden Bilder im Internet Eingang in die intellektuellen, emotionalen und sozialen Bereiche der Jugend. Die unstillbare Neugier führt zur Sucht, in immer neue Welten vorzudringen. Der daraus entstehende Realzeitverlust ist ohnegleichen. Abarten wie Pornographie und Kinderpornographie, extremistisches Gedankengut oder sektiererische Formen der Verführung sind spielend leicht aufzuspüren, herunterzuladen und zu speichern. Anonymität des Chattens, leicht verständliche Sprache und Telegrammstil lassen das Medium zu einem aus dem Alltag nicht mehr wegzudenkenden Extremzeitfaktor werden. War es früher das Fernsehen, dem ein Einfluß auf das Aggressionspotential der Jugend zugeschrieben wurde, ist es inzwischen ein Dschungel grenzüberschreitender, totaler Vernetzung der »virtual reality«. So kann heute nicht mehr festgestellt werden, ob es sich bei der Wahrnehmung der Jugendlichen um eine real-konkrete oder um eine magisch-animistische handelt.

Die Ängste der Eltern gegenüber dieser Entwicklung sind durchaus denen gegenüber der Abhängigkeit von Drogen zu vergleichen. Die Jugend sieht das naturgemäß anders: *Ich bin doch nicht süchtig! Ich kann jederzeit aufhören! Gehe ich aus, paßt es euch nicht, sitze ich vor dem Bildschirm, paßt es euch auch nicht! Seid froh, daß ich zu Hause bin!* Eltern fragen sich hingegen, ob sich ihr Kind bei aller Informationsüberflutung, wenn sie auch Wissen bedeuten mag, überhaupt von den Medien lösen kann. Und sie fragen sich, ob sie selbst mit dieser Form der Information, die täglich rasant anwächst, Schritt halten können.

Alkohol- und Drogensucht

Kaum ein Bereich der elterlichen Ängste zieht soviel Aufmerksamkeit auf sich wie eine mögliche Abhängigkeit ihrer Kinder von Suchtstoffen. Sei es durch Meldungen in den Medien, in denen Schreckenszahlen über Drogentote veröffentlicht werden, sei es durch die direkte Begegnung in der eigenen Wohngegend, wo sie an einschlägigen Jugendtreffpunkten abgemagerte, verlotterte Gestalten sehen. Eltern haben immer Angst, es könnte ihre eigenen Kinder treffen. Sie haben Angst, sie würden die Sucht zu spät erkennen und nicht mehr helfend eingreifen können.

Das Problem ist, daß jede Szene ihre eigenen Gesetze entwickelt und Alkohol- und Drogensucht regional vollkommen unterschiedlich zutage tritt. Patentrezepte sind daher schwer aufzustellen. In einer bestimmten ländlichen Region wird mehr Bier oder Wein getrunken und mit Stolz darüber berichtet, wie gewaltig der letzte Rauschzustand ausgefallen sei. In manchen Großstadtregionen beginnt der Haschischkonsum unmittelbar nach Beendigung der Tagesschulzeit. Da die Kinder sich zum Teil der Kontrolle entziehen, finden sie beim Besuch von Tagesbars ein Billiganbot von Aufputschmitteln und kommen, wenn sie Geld haben, auch an Kokain heran, das bereits von sehr jungen Jugendlichen als modisches und »harmloses« Rauschmittel konsumiert wird.

Allerorten wird Prävention gefordert, jedoch nur in geringem Maß erfüllt. Einerseits kosten präventive Maßnahmen viel Geld, andererseits werden sie oft auch nicht konsequent durchgeführt. Ärzte, Sozialarbeiter, freiwillige und professionelle Berater und *Streetcornerworkers* neigen dazu, die Anfangsphase des Drogenkonsums zu bagatellisieren. Sie geben den Eltern zu bedenken, daß sich das Kind im Experimentierstadium befinde und daß man den Jugendlichen nicht zu sehr einengen solle. Dieses Experimentieren sei notwendig, führe aber schließlich zur Einsicht in das eigene Fehlverhalten.

Diesem Argument will und kann man sich schwer entgegenstellen; die Eltern bleiben dabei allerdings mißtrauisch. Immer wieder wird man als Arzt von Eltern aufgefordert, doch etwas dagegen zu unternehmen. Dabei fassen Eltern oft auch die Anwendung von Zwangsmaßnahmen, Ein- und Wegsperren oder gewaltsame Verhinderung des Drogenkonsums ins Auge. Solche Maßnahmen sind aber von jeder gesetzlich möglichen Maßnahme weit entfernt. Dazu kommt noch, daß weiten Teilen der Bevölkerung nicht klar ist, daß die von ihnen geforderten Zwangsmaßnahmen keinen Erfolg bringen. Abgesehen davon ist jedwede Einweisung und Behandlung gegen den Willen eines Menschen nur dann möglich, wenn akute Selbst- oder Fremdgefährdung vorliegt.

Selbstgefährdung, meinen betroffene Eltern, liege ja schon durch den Drogenkonsum selbst vor. Gesetzlich wird unter diesem Begriff aber die vorsätzliche und bewußte Selbstmordgefahr verstanden und nicht ein allfälliges Vorfeld zu einer Suizidhandlung. Diese gesetzliche Regelung wurde gegen allfällige Mißbräuche der Psychiatrie geschaffen, ist zwar unter Fachleuten heftig umstritten, hat aber in den gesetzesbildenden Gremien durchaus überzeugende Mehrheiten gefunden. Die Fremdgefährdung, also Angriff auf Leib und Leben eines anderen, ist bei Drogenkonsumenten ebenfalls verbindlich nachzuweisen. Somit muß an den Anfang dieses Kapitels gestellt werden, daß Zwangsmaßnahmen nicht gesetzeskonform sind und im Vollzug in einem demokratischen Land abgelehnt werden müssen.

Die Vielfalt von Genuß- und Rauschmitteln (bewußtseinsverändernde Substanzen) macht es ungeheuer schwierig, einen Ratgeber zusammenzustellen. Da unser Buch für Eltern pubertierender Kinder geschrieben wurde, haben wir die Substanzen aufgrund ihrer Wirkung und ihres Gebrauchs von Jugendlichen behandelt und dargestellt.

Folgt man den einleitenden Gedanken zum Thema Abhängigkeiten, so gibt es in jeder Kultur spezifische Substanzen, die Abhängigkeiten hervorrufen. Eine Kultur wie unsere, die vor allem Alkohol und Nikotin (mit immer mehr Einschränkungen) zuläßt, akzeptiert im Grunde den Konsum von abhängigmachenden Substanzen, auch wenn sie davon ausgeht, daß man den Umgang damit erlernen muß. In unserer streßüberfluteten Zeit sind, neben Beruhigungsmitteln wie Medikamenten, Substanzen in Gebrauch, die je nach Wirksamkeit stimmungsanregend oder antriebsvermindernd (z.B Alkohol), entspannend oder erregend (z.B. Nikotin), wachheitsfördernd oder beruhigend (z.B. schwarzer oder grüner Tee), also Hilfsmittel, die Stimmung und Antrieb, Konzentration und Aufmerksamkeit beeinflussen.

Nun werden aber auch Substanzen konsumiert, die neben den eben genannten Funktionen auch versprechen, das Bewußtsein zu erweitern. Mit ihnen könne man in Dimensionen des Bewußtseins vorstoßen, die auf normalem Wege nicht erreicht werden können, ja sogar bewußtseinsverändernde Wahrnehmungen wie etwa Halluzinationen herbeiführen. Diese Substanzen sind für Jugendliche jeden Alters zugänglich, die diese kennenlernen und keine Experimente auslassen möchten. Derlei Erfahrung zu besitzen, erhöht den Selbstwert, macht *in* und *cool*.

Für Eltern gibt es einige Möglichkeiten, ihren Ängsten einigermaßen zu begegnen. Sie können zum Beispiel die Partys zu ihnen nach Hause verlegen, ihren Keller zur Verfügung stellen. So haben sie zumindest einen geringen Einfluß auf das Partygeschehen (Beispiele 39 und 40; Seite 228). Konflikte sind dabei nicht ausgeschlossen, weil es schwer ist, einen Mittelweg zwischen Kontrolle und Freiraum zu finden. Die Frage ist, wie Eltern auf den Drogenkonsum ihrer Kinder reagieren sollen und ob sie überhaupt davon wissen. Ist etwa der Alkoholkonsum unserer Kinder als das geringere Übel zu betrachten? Schließlich trinkt ja auch jeder Erwachsene Alkohol. Ist Alkoholkonsum also weniger dramatisch als die Abhängigkeit von der Nadel?

Wer sich auch nur einmal am Samstagmittag vor eine große Schule stellt, erlebt eine große Anzahl von Jugendlichen, die sich, kaum haben sie das Schulhaus verlassen, eine Zigarette anstecken. Dabei handelt es sich meist nicht um Billigprodukte, sondern um Sorten, die auf ein hohes Taschengeld schließen lassen. Die Frage nach Konsumgewohnheiten wie dem Genuß von Zigaretten wird durchaus selbstverständlich beantwortet. Man inhaliere Nikotin bereits seit zwei, drei Jahren. Die Zigarette ist für die Jugendlichen zu diesem Zeitpunkt kein Statussymbol mehr, sondern alltäglicher Konsumartikel.

Die unter Jugendlichen intensiv geführte Diskussion geht darum, ob und in welcher Form Haschischkonsum legalisiert werden soll oder nicht. Schon in der Erwähnung dieser

Fragestellung spalten sich die Geister der Eltern, weil bewußte und auch unbewußte Ängste mobilisiert werden. Da wird das Argument gebracht, daß Haschisch eine sogenannte Einstiegsdroge sei. Einige wissenschaftliche Untersuchungen versuchen hingegen nachzuweisen, daß Haschisch für Gesundheit und Psyche von Jugendlichen weniger gefährlich sei als Nikotin. Da wird gerne bagatellisiert, indem behauptet wird, daß schließlich irgendwelche Substanzen für junge Menschen verfügbar sein müßten, weil wir ja auch nicht völlig *clean* gelebt hätten.

Die Frage der Einstiegsdrogen ist nicht einfach zu beantworten. Alle späteren Abhängigen von härteren Drogen haben zuvor Nikotin oder Haschisch konsumiert, Alkohol getrunken oder sonstige bewußtseinsverändernde Substanzen eingenommen. Haschisch kann also nicht in jedem Fall als Einstiegsdroge bezeichnet werden. Vielmehr ist es der Konsum als soziale Kulthandlung, was spätere Folgehandlungen nach sich zieht. Ähnlich wie der Alkoholiker das erste Glas Wein nach monate- oder jahrelanger Abstinenz gut verträgt, sich und der Umwelt vorgaukelt: Ich kann die süchtig machende Substanz beherrschen, so wird der Haschischkonsument immer argumentieren: Ich kann ja jederzeit damit aufhören. In vielen Fällen ist das auch zutreffend. Die entscheidende Frage ist aber eher, ob mit sogenannten weichen Drogen nicht der Konsum harter Drogen vorbereitet und ein bestimmtes Verhalten eingeübt wird, das dann auf andere Suchtmittel angewendet werden kann. Man denkt schließlich, daß es genausoleicht möglich ist, auf den Konsum bewußtseinsverändernder Drogen zu verzichten. Unter diesem psychologischen Aspekt sind Substanzen, die nicht direkt körperlich und seelisch abhängig machen, letztlich doch eine Art Einstiegsdroge. In diesem Fall müssen wir aber Alkohol, Nikotin oder Tabletten ebenfalls dazu rechnen.

Nun mögen das viele Leser für antiquiert, konservativ oder verzopft halten. Die Freigabe von bewußtseinsverändernden Substanzen kann aber so lange nicht befürwortet werden, als der internationale Drogenmarkt nicht verläßlich und konsequent kontrollierbar ist. Diese Aussage ist konsumspezifisch und sozialpolitisch zu sehen und bedeutet nicht die Forderung nach extremen strafrechtlichen Konsequenzen für die Konsumenten, jedoch die klare und eindeutige Aufforderung, den Handel zu kontrollieren und zu unterbinden. Die bisherigen Erfahrungen internationaler Rechtsangleichungen in der EU (z. B. Strafverfolgung oder Auslieferung) lassen keinen Optimismus zu. Von Internationalität ist auf diesem Gebiet wenig zu bemerken.

In den folgenden Abschnitten wollen wir kurz zu den gebräuchlichen Drogen Stellung nehmen. Dabei kann es nicht um breite und umfangreiche Aufklärung gehen, sondern um einen Einblick in Form und Wirkung von Substanzen, die von unseren Kindern konsumiert werden könnten.

Haschisch

Haschisch ist entweder in Form getrockneter Blätter, als Blüten des Hanfkrauts, als Haschischöl, einer dunklen Flüssigkeit, oder als braune, harzartige Substanz mit ganz charakteristischem Geruch in Verwendung. Es wird unter Beimengung von Tabak geraucht, als Tee getrunken oder als Speisezusatz gegessen. Erkennungszeichen für Laien, wie es Eltern oft sind, ist vor allem der spezifische Geruch sowie gerötete Augen beim Haschischkonsumenten.

Die bewußtseinsverändernde Wirkung zeigt sich in einem euphorisierten, heiteren Stimmungszustand. Bisweilen treten Konzentrationsstörungen auf. Eine körperliche Abhängigkeit ist nicht bekannt. In hoher Dosierung kann sich Wahrnehmungsverzerrung bezüglich zeitlicher und räumlicher Distanzeinschätzungen zeigen. Neben Stimmungsveränderungen werden auch Angstzustände in Verbindung mit Verfolgungsideen beobachtet. In der Entzugsphase, nach chronischem Gebrauch, kann es zu Unruhe, Reizbarkeit und Schlafstörungen kommen.

Die Angst der Eltern bezüglich Haschisch, mit einem drogenabhängigen Kind leben zu müssen, ist unbegründet. Erhöhte Fürsorge wäre jedoch angezeigt.

Designerdrogen

In den letzten Jahren ist in den Medien mehr und mehr die Diskussion über sogenannte Designerdrogen entstanden. Es handelt sich dabei um stimmungsaufhellende und antriebssteigernde Substanzen (Amphetamine), die mit verschiedenen anderen chemischen Substanzen vermischt werden. Sie sind in flüssiger Form oder als Tabletten und Kapseln im Handel erhältlich. Sie gehören zu jenen Substanzen, die bereits von sehr jungen Jugendlichen (unter der Geheimbezeichnung *fullfit*) eingenommen werden. Vor allem bei sogenannten *Rave*-Veranstaltungen gehören diese Substanzen zum schon selbstverständlich gewordenen Mittel der Selbstdarstellung. Bei voller Wirksamkeit der Amphetamine ist primär eine Antriebssteigerung zu bemerken. Je nach Zusammensetzung kommt eine Veränderung der Sinneswahrnehmung, etwa Halluzinationen, hinzu. Positive Gefühle werden verstärkt. Überdosierungen können zu

Verwirrungszuständen führen, die eine zeitliche, örtliche, situative und personelle Desorientierung nach sich ziehen.

Eltern können an der Zerstreutheit, der inneren Unruhe, der Sprunghaftigkeit und an den Konzentrationsstörungen ihrer Kinder sowohl die Einnahme als auch die Entzugserscheinungen erkennen. Gefahr besteht vor allem darin, daß bei Erwerb der Substanzen keine Garantie besteht, daß es sich nicht um Mischzusammensetzungen handelt, die körperliche Schädigungen vor allem im Gehirnbereich bewirken. Wie häufig Jugendliche durch falsche Substanzen getäuscht werden, zeigen laufende Untersuchungen in Wien auf. Mehl, Milch, Zucker und dergleichen wurden als Extasy am Markt um gutes Geld angeboten und auch gekauft.

In jüngster Zeit hat man Jugendlichen bei Großveranstaltungen angeboten, diese Substanzen von Fachleuten direkt am Veranstaltungsort chemisch prüfen zu lassen. Dieser Vorschlag hat massiven Protest seitens der Eltern und politischer Gruppen hervorgerufen. Aufklärungsbroschüren und die chemische Untersuchung wurden geradezu als Anstiftung zum Konsum gewertet. Dies war aber nicht die Intention der Fachleute. Im Gegenteil, man wollte verbesserte Aufklärung über die Substanzinhalte schaffen, um aufzuzeigen, welche Gefahren durch Verunreinigung oder gefahrvolle Beimengungen entstehen. Gleichzeitig wollte man, da Designerdrogen ja in jedem Fall eingenommen werden, zumindest auf die Gefahren durch Flüssigkeitsmangel hinweisen, der bei Tanzveranstaltungen zwangsweise auftritt. Außerdem sollte ein höheres Maß an Bewußtseinsbildung und gegenseitiger Kontrolle in Freundesgruppen erzielt werden. Denn aufgrund des Dopings, etwa durch Extasy, besteht die Gefahr, die eigene Erschöpfung und Ermüdung nicht zu erkennen und durch den Flüssigkeitsverlust nahe an einen Kollaps zu geraten. Freunde können hier als Regulativ eingreifen. Was man an sich selbst nicht erkennt, fällt einem beim anderen um so deutlicher auf.

Bei innerfamiliären Diskussionen mit den Jugendlichen ist es unumgänglich notwendig, nicht nur auf diese Gefahren hinzuweisen, sondern klarzumachen, daß bei dieser Form von Schwarzhandel nie überprüft werden kann, was eigentlich eingenommen wird. Extreme Verteufelungen sollten bei diesen Gesprächen vermieden werden, weil sie das Vetrauensverhältnis zwischen Eltern und Kindern gefährden. Die Folge könnte durchaus sein, daß Drogen dann erst recht konsumiert werden, entsprechender Schutz durch mangelnde Kenntnis jedoch fehlt.

Eltern sollten sich auch ihre eigenen Erfahrungen aus der Jugendzeit in Erinnerung rufen, an all die eingenommenen Aufputschmittel, vor allem vor Prüfungen. Der Autor selbst kann sich noch erinnern, als es zu Beginn seiner ärztlichen Laufbahn bei Oberarzten durchaus üblich war, jungen und erschöpften Assistenzärzten am Morgen ein Weckamin anzubieten, damit die Arbeitsleistung gewährleistet bliebe. Der Tragweite dieser Substanzen war man sich, ähnlich wie bei der wahllosen Verschreibung von Appetitzüglern vor dreißig Jahren, nicht hinreichend bewußt.

Kokain

Zu einer der gefährlichsten Substanzen gehört zweifellos Kokain. Es ist ein weißes, kristallähnliches Pulver, das entweder durch die Nase geschnupft, geschluckt oder auch geraucht werden kann. Als Hauptwirkung muß die Antriebssteigerung in Verbindung mit einer euphorischen Stimmungslage und einem enorm gesteigerten Selbstbewußtsein genannt werden. So berichteten Schauspieler in den dreißiger Jahren, wie sie nach dem Kokainkonsum in extrem kurzer Zeit große Rollen lernen konnten. Darüber hinaus war es ihnen auch möglich, den Rollen eine ganz eigene Gestaltung zu geben. In ihrer Euphorie merkten sie jedoch nicht, wie rasch und intensiv sie abhängig wurden.

Erkennbar ist die Einnahme durch die völlig veränderte Stimmungs- und Antriebslage des Betroffenen. Das Schlafbedürfnis wird praktisch aufgehoben. Nach Abklingen der Wirkung treten massive Stimmungsstörungen in Form von Depressionen ein, die manchmal bis zu suizidalen Gedanken reichen. Auch wenn keine körperlichen Entzugserscheinungen zu beobachten sind, so gibt es doch einen starken Drang, durch Wiedereinnahme der Droge das erlebte Wonnegefühl wiederherzustellen. Ist es unmöglich, sich die Substanz zu verschaffen, treten Gereiztheit, Unruhe, Depressionen und Apathie auf. Überdosierungen führen zu Halluzinationen und psychotischen Erscheinungen, die einer schizophrenen Erkrankung ähneln. Sogar die Neigung zu epileptischen Anfällen kann bei entsprechender Veranlagung steigen.

Die Ängste der Eltern sollten im Zusammenhang mit Kokain auf keinen Fall bagatellisiert werden, handelt es sich dabei doch um eine Substanz, die in sehr kurzer Zeit eine psychische Abhängigkeit verursacht. Zudem ist Kokain auf dem Markt nur illegal und zu sehr hohen Preisen zu haben, was bei geringen finanziellen Mitteln leicht Beschaffungskriminalität nach sich zieht. Einsicht in die negativen Folgen des Konsums kann nicht erwartet werden. Wichtig ist die

Frühprävention und der Kontakt zu den Jugendlichen. Der Freundeskreis und seine Umgebung sollte beobachtet werden, da es sich bei Kokain vor allem um eine Droge handelt, die in gehobeneren Gesellschaftsschichten und in der sogenannten Schicki Micki-Szene konsumiert wird.

Crack

Crack ist eine aus Kokainbase und Backpulver in Wasser aufgelöste und aufgekochte Substanz, die in kleinen Klümpchen geraucht wird. Sie gelangt über die Lunge sehr rasch ins Blut und erzeugt den sogenannten Kokain-*Rush*, ein ungeheueres Glücks- und Rauschgefühl. Nach einer halben bis dreiviertel Stunde ist die Rauschwirkung jedoch verflogen. Danach macht sich eine tiefe Depression breit, ein herabgesetztes Selbstwertgefühl, starke Gereiztheit, die in extreme Apathie umschlagen kann. Herz-, Kreislauf- und Blutdruckprobleme können genauso auftreten wie Lungenentzündung und Verfolgungswahn.

Wir weisen die Eltern noch einmal darauf hin, daß die Veränderung bisheriger Gewohnheiten sowie eine sich wandelnde Persönlichkeitsstruktur Warnsignale für bereits länger andauernden Drogenkonsum sind. Bei derartigen Veränderungen sollten unbedingt Psychiater oder ärztliche Psychotherapeuten aufgesucht werden, da beginnende Gemüts- und Geisteskrankheiten häufig ähnliche Anfangsstadien durchlaufen. Manchmal nimmt man sich die Möglichkeit einer frühzeitigen Behandlung, die Erfolg versprechen könnte, weil man die Vermutung hegt, der Jugendliche würde ja nur Drogen ausprobieren.

Halluzinogene

In allen Kulturkreisen wurden und werden Halluzinogene für mystische Erfahrungen herangezogen. Ob es sich dabei um den Absud von Pilzen, Kakteenextrakte oder Mohnderivate handelt, das Ziel ist immer das gleiche: Annäherung an Bewußtseinsgrenzen, Wahrnehmungsveränderungen und künstlich hergestellte Traum- und Rauschzustände. Es liegt offensichtlich in der natürlichen Neugier des Menschen, Grenzerfahrungen erleben zu wollen.

Zu den bekanntesten Halluzinogenen zählen LSD, Meskalin und Psilocybin. Sie sind als Tabletten und Flüssigkeiten erhältlich. Sie können zum Beispiel auf Löschblätter getropft eingenommen werden. Sie verändern die Sinneswahrnehmungen, indem sie diese intensivieren und verfremden. So werden optische Eindrücke in Farbe, Form und Helligkeit verändert, vorhandene Klänge und Töne intensiviert oder verfremdet und Dinge akustisch wahrgenommen, die real gar nicht existieren. Geschmacks- und Geruchserlebnisse und Körperempfindungen werden gesteigert oder als fremdartig erlebt. Das Denken wird verändert. Formale Denkstörungen können ebenso auftreten wie Wahnwahrnehmungen und Entfremdungserscheinungen. Mystische Erlebnisse wechseln mit Extase, Angst, Depression und Aggression ab. Das Realitätsempfinden ist stark beeinträchtigt. Deshalb kommen immer wieder tödliche Unfälle vor. Manche Konsumenten von Halluzinogenen glauben unter dem Einfluß der Drogen, fliegen zu können, und springen aus dem Fenster. Körperliche Entzugserscheinungen gibt es keine. Beim Absetzen solcher Substanzen kommt es aber zu erhöhter Reizbarkeit, Unruhe und dem wiederholten Drang, diese Erlebnisse zu wiederholen.

Horrortrips sind massive Angstanfälle, die unter der Wirkung von Halluzinogenen entstehen. Sie werden von den Konsumenten schon vor Einnahme der Droge befürchtet und treten insbesondere dann auf, wenn der Drogenkonsument sich zum Zeitpunkt der Einnahme bereits in einer ängstlichen Stimmungslage befindet. Als *Flashback*-Phänomen bezeichnet man jenes, wenn ein während des Horrortrips aufgetretenes Erlebnis auch ohne die Einnahme der Droge wiederkehrt. Sein Auftreten geht mit Desorientiertheit und Halluzinationen einher und unterscheidet sich daher nicht vom Zustandsbild einer akuten Psychose. Dies kann von Halluzinogenen ausgelöst werden und ist mit ein Grund, warum wir vor ihnen besonders warnen wollen, auch wenn gerade in der Jugendszene der Konsum dieser Substanzen als harmlos gilt.

Opiate

Darunter wird einerseits Opium verstanden, das aus Rohopium, dem Pflanzensaft des Schlafmohns, gewonnen wird, andererseits aber auch alle Inhaltsstoffe der Hauptwirksubstanz Morphin, wie Morphium, Hydromorphin, Heroin, Kodein und andere synthetische Substanzen. Im Handel sind diese opiathaltigen Medikamente als Tabletten, als Kapseln oder als Ampullen und als Rohopium in kleinen braunen Kugeln erhältlich. Die Einnahmemodalitäten sind vielfältig. Die Substanzen können geraucht, geschnupft, injiziert und geschluckt werden. Der Konsum ist üblicherweise an den stecknadelkopfgroßen, also extrem verkleinerten Pupillen, an Müdigkeit, seelischer Einengung und herabgesetzter Reaktionsfähigkeit zu erkennen. Man kann sagen, daß diese Menschen in ihrem Drogenrausch unerreichbar und extrem ausgeglichen sind. Einstichstellen oder typische Gebrauchsutensilien bestätigen einen Verdacht.

Als psychische Wirkung gelten Euphorie, verbunden mit einem starken Glücksgefühl, gemütsmäßige Distanz und bunte Wachträume. Die physischen Wirkungen sind Schmerzlinderung im Gehirn und Rückenmark, Verkrampfungen der Muskulatur, Harnverhalten, Darmlähmungen und Regulationsstörungen des Blutdrucks. Bei einer Überdosis tritt der Tod durch Atemlähmung und Kreislaufschock ein. Der sogenannte goldene Schuß ist eine bewußte oder nicht in ihrer Tragweite erfaßte Selbsttötung und passiert sehr häufig durch mangelnde Kenntnis der Konzentration der eingenommenen Substanz. Der Drogenkonsument mag diese Gefahr zwar kennen, setzt sie aber auch als Kick ein. Die immer wieder angewandten Injektionen führen häufig zu Infektionen im Bereich der Einstichstellen und zu Leberentzündungen. Die Gefahr, sich über das Spritzenbesteck mit HIV zu infizieren, ist dann gegeben, wenn mehrere Personen ein und dasselbe Besteck verwenden. Der Opium- und Heroinentzug geht mit massiven körperlichen Beschwerden einher, so daß der Entziehungswillige ein hohes Maß an Überwindung aufbringen muß, um sich dieser Qual zu stellen. Viel einfacher erscheint es ihm, sich den Stoff wieder zu beschaffen und damit dem Ganzen ein Ende zu bereiten.

Unter allen Suchtgefahren lösen Opiate die größten Ängste der Eltern aus, scheint es doch nahezu unmöglich, die betroffenen Jugendlichen entsprechend aufzuklären, da sie bei bereits einsetzender Drogensucht praktisch unerreichbar sind. Hängt das Kind erst einmal an der Nadel, nützen Vorwürfe seitens der Eltern überhaupt nichts. Nur Verständnis sowie engste persönliche Betreuung und Unterstützung während eines freiwillig gewählten Entzugs können dem Jugendlichen helfen.

Schnüffelstoffe

Das Einatmen von Dämpfen verschiedenster Lösungsmittel löst im Gehirn Rauschzustände aus. Da es sich um Gegenstände des alltäglichen Gebrauchs handelt, sind sie leicht verfügbar: Klebstoffe, Lacke, Farbverdünner und Putzmittel eignen sich ebensogut wie Feuerzeugbenzin. Die Substanzen werden üblicherweise in Watte eingeträufelt und vor Nase und Mund gehalten oder in Plastiksäcke eingefüllt und dann sehr intensiv inhaliert. Durch die Inhalation kommt es zu innerer Unruhe und Erregtheit, später zu einem Entspannungszustand, dem allerdings sehr häufig Übelkeit und unangenehme Gefühlsempfindungen folgen. Der langdauernde Mißbrauch von Lösungsmitteln birgt für den Körper große Gefahren: Leberschädigungen bis hin zur Leberzirrhose oder Leberzellkrebs, Entzündungen des zentralen und peripheren Nervensystems, also Entzündungen im Bereich des Gehirns, der Arme und Beine. Denkleistungen können massiv beeinträchtigt und irreparable Schädigungen des Denkapparates verursacht werden. Sollten Eltern den typischen Geruch von Lösungsmitteln bei ihren Kindern wahrnehmen und die Inhalation dieser Mittel auch nur im Ansatz vermuten, dann ist Gefahr in Verzug (Beispiel 41, Seite 224).

Einige Hinweise zum Abschluß

Um den Eltern bei der Bewältigung ihrer Ängste ein wenig zu helfen, seien hier noch einmal einige Hinweise im Falle eines Drogenverdachts zusammengefaßt. Zuallererst gilt es, die Veränderungen, die ein Jugendlicher durchmacht, nicht zu bagatellisieren, sondern sie auf bestimmte Signale hin zu beobachten. Dies ist nicht einfach, da alterstypische Veränderungen schwer von jenen zu unterscheiden sind, die auf Drogenkonsum hinweisen. Gerade aus diesem Grund bedarf der Jugendliche einer besonderen Zuwendung, eines regelmäßigen Gesprächs und der Möglichkeit, sich ohne Vorwurfshaltung seitens der Eltern diesen anvertrauen zu können. Vorwurf führt zum Rückzug in die innere Isolation und bedeutet, daß die Eltern von außen nicht mehr erkennen können, was im Jugendlichen tatsächlich vor sich geht. Auch die körperlichen Veränderungen eines an sich vormals gesunden Jugendlichen, sei es auffallende Blässe, dunkle Ringe unter den Augen, Abmagerung oder Vernachlässigung der Körperpflege, müssen als Signal begriffen werden. Auch die plötzliche Vernachlässigung von Interessen und Hobbies, Abkapselung vom bisherigen Freundeskreis, Vernachlässigung der Lern-, Berufs- oder Studienlaufbahn müssen als Gefahrenmomente erkannt und gedeutet werden.

Ein bedrohliches Merkmal sind kriminelle Handlungen, die darauf abzielen, den erhöhten Finanzbedarf zur Beschaffung der Drogen abzudecken. Diese sind auch dann ein höchst bedrohliches Alarmsignal, wenn sie innerhalb der Familie geschehen. Bei veränderten Lebensgewohnheiten und Anpassungen an sogenannte Subkulturen sollten ebenfalls alle Warnsirenen heulen. Bei einer Häufung solcher Ereignisse kann den Eltern von Fachleuten nur der Rat gegeben werden, sich vertrauensvoll an Spezialisten zu wenden, die aus diesen möglichst exakten Beobachtungen ablesen können, ob und welche Gefahren bestehen und welche Schritte zu unternehmen sind. Man wechsle sofort den Berater, sollten die Sorgen nicht entsprechend ernst genommen und voll unterstützt werden. Die Hoffnungen, daß eine Psychotherapie alleine schon genügt, wollen wir hier relativieren (Beispiel 42, Seite 231). Es ist tatsächlich notwendig, an einem Erziehungsprozeß und Heilungsgeschehen gemeinschaftlich zu arbeiten und sich des Risikos bewußt zu sein, daß nicht alles Mögliche auch tatsächlich machbar ist.

Gefahren liegen vor allem in einer Verkettung unglücklicher Abläufe. Einerseits geben die Eltern Hilfsangebote, andererseits verspricht der Jugendliche, den Drogenkonsum aufzugeben. Tut er es nicht und wird rückfällig, kommt es seitens der Eltern zu Wutausbrüchen, Enttäuschung und Hoffnungslosigkeit. Letzteres darf aber nicht Platz greifen, da die Eltern den Jugendlichen ermutigen müssen. Deren Hilfsangebot ist der einzige Garant dafür, nicht allein mit der Drogensucht zu sein. Was im Kapitel über Gesinnungsgemeinschaften gesagt wurde, gilt auch im Falle der Drogensucht: Wichtig ist zu erkennen, daß der Abhängige zuerst Einsicht in seine Abhängigkeit haben muß, um überhaupt aufhören zu können. Es ist somit dem Abhängigen nicht mit Einsichts- und Denkschablonen zu begegnen, die für ihn aus einer fremden, ihm unzugänglichen Welt kommen. Hier hilft nur geduldige Begleitung und Beratung, in der man behutsam versuchen muß, das Kind wieder für sich zu gewinnen (Beispiel 42, Seite 231). Drogenabhängigkeit gehört sicher zum finstersten Kapitel der Ängste von Eltern pubertierender Kinder, weshalb, wie im gesamten Erziehungsprozeß, das Wort am Anfang stehen muß.

Beispiele zum Thema Sucht- und Abhängigkeitsverhalten

BEISPIEL 39 Eine Samstagsparty von 13jährigen Burschen und Mädchen ist angesagt. Die Eltern des einladenden Knaben stellen ihren Partykeller zur Verfügung, haben sie doch Parterreräume zugunsten der Freundinnen und Freunde ihrer Kinder soweit umgestaltet, daß Feste gefeiert werden können. Die Eltern wollen Kontrolle über die Jugendlichen ausüben. Zu Beginn der Party steht die Mutter des Einladenden neben dem Eingang und begrüßt die Gäste einzeln und persönlich mit Handschlag. Bei dieser strengen Prüfung befördert sie einige Flaschen Sekt, eine Flasche Rotwein, eine Flasche Rum und eine Flasche Bacardi zutage. Diese Beute stellt sie in sichere Verwahrung und gibt sie den Eingeladenen bei der Heimkehr wieder zurück.

BEISPIEL 40 Ein Vater von 13- und 15jährigen Kindern verbringt im Laufe eines Abends zwanzig Minuten, auf mehrere kurze Etappen verteilt, in den für eine Party zur Verfügung gestellten Räumen. Seine Anwesenheit wird mißbilligend aufgenommen. Seine Aufforderung, zumindest ein Minimum an Beleuchtung eingeschaltet zu lassen, wird ebenfalls mit Mißmut quittiert. Die vom Vater mitgehörten Partygespräche handeln vor allem von einem zentralen Thema: dem Alkoholkonsum. Wer wieviel wann in welch kurzer Zeit konsumiert hat; wer welche Alkoholmenge in welcher Konzentration gerade noch oder nicht vertragen hat; wer wie oft erbrechen mußte und nachher Alkohol weitertrinken konnte; wer noch nicht reif genug sei, weil er Alkohol gar nicht konsumiere.

BEISPIEL 41

Ein Fünfzehnjähriger steht mit zwei anderen Jugendlichen vor Gericht, da er einen Obdachlosen im Park mit einem Sück Lattenzaun niedergeschlagen hatte. Ein rostiger Nagel, der sich in der Latte befand, verletzte den Niedergeschlagenen schwer am Kopf. Er mußte wochenlang auf einer Intensivstation behandelt werden.

Der 15jährige war dem Sachverständigen seit seinem 8. Lebensjahr bekannt. Im frühen Volksschulalter wurde er vorgestellt, da er trotz hoher Intelligenz Schwierigkeiten hatte, Lesen und Schreiben zu erlernen. Er wies eine Teilleistungsschwäche im Wahrnehmungs- und Verarbeitungsbereich auf. Diese Schwäche wurde damals durch entsprechendes Training behandelt, so daß der Schulweg bis zum 12. Lebensjahr klaglos verlief.

Dann wurde der Kinderpsychiater wegen massiver Verhaltensstörungen erneut aufgesucht. In der Vorpubertät war der Knabe extrem aggressiv geworden. Aufgrund seiner Wortgewalt und Intelligenz wurde er zum meistgehaßten Schüler seiner Klasse, ja schließlich der ganzen Schule. Es folgte ein zweimaliger Schulwechsel. Der Zwölfjährige weigerte sich allerdings, den Therapeuten aufzusuchen. Ein Jahr später suchten die Eltern den Kinderpsychiater neuerlich auf, da sie entdeckten, daß ihr Sohn Beruhigungsmedikamente einnahm und regelmäßig Inhalationsstoffe schnüffelte. Ein Gespräch mit dem Jugendlichen wies ihn wiederum als hochintelligent, allerdings frech, abweisend, aggressiv und unnahbar aus.

Die nächste Begegnung fand im Gerichtsauftrag wegen des oben angeführten Delikts statt. Der Jugendliche erinnerte sich dort an die mehrmaligen Begegnungen mit dem Arzt. Nun bittet er um seine Hilfe und bekennt, daß er im Laufe der letzten zwei Jahre voll in die Drogenszene eingestiegen sei. Er habe, da er niemals irgendein Suchtmittel gespritzt hätte, das Schnüffeln von Feuerzeugbenzin bevorzugt. Auf die Frage des Arztes, wie viele Füllungen in welcher Zeiteinheit inhaliert worden wären, gibt der Jugendliche sechs bis sieben volle Nachfülldosen pro Tag zu. Diese Inhalationsmenge ist absolut ungewöhnlich und auch dem Sachverständigen neu. Auffällig ist im Gespräch allerdings, daß von der vormals strahlenden Intelligenz nichts mehr erkennbar ist. Der Jugendliche wirkt stumpf, wenig einfallsreich, assoziationsunfähig und dümmlich und bezeichnet seine schwer kriminelle Handlung als Unfall. Er bereut nichts.

Schon vor der Gerichtsverhandlung fällt dem Sachverständigen auf, daß der Jugendliche etwa einmal in der Woche einen sogenannten Nachtrip hat. Dabei treten Angst und Horrorvisionen auf, die ihn in Panik und Schrecken versetzen. Er kann sich gegen diese psychischen Erscheinungen ganz offensichtlich nicht zur Wehr setzen. Dieser Umstand führt in der Begutachtung dazu, daß der Jugendliche am Tag des Raubes aufgrund des Suchtmittelkonsums nicht in der Lage war, das Unrecht seiner Tat einzusehen. Der Vorschlag des Sachverständigen konnte somit nur lauten, den Jugendlichen in eine Anstalt für geistig abnorme Rechtsbrecher einzuweisen und ihn psychiatrisch-psychotherapeutisch behandeln zu lassen.

Zu diesem Zeitpunkt gab es für Jugendliche diesen Maßnahmenvollzug allerdings nicht, weshalb der Jugendliche in eine normale Jugendstrafanstalt eingewiesen werden mußte. Dort wurde er psychotherapeutisch behandelt, wozu auch medikamentöse Unterstützung notwendig war. Der im Zuge der Begutachtung durchgeführte psychologische Test ergab eine dramatische Abnahme der intellektuellen Leistungsfähigkeit. War der Jugendliche vormals auf Gymnasialniveau, so befand er sich nunmehr auf Sonderschulniveau. Eine einjährige Behandlung brachte zwar eine Annäherung an das ursprüngliche Denkniveau, die relativ frühe Entlassung führte allerdings zu einem raschen Rückfall in die Szene, da der Jugendliche während des Gefängnisaufenthaltes nur eine Scheinanpassung erreichte.

BEISPIEL 42

Ein 16jähriges Mädchen aus dem Mittelstandsmilieu wird nach einem Tablettenselbstmordversuch auf eine Entgiftungsstation gebracht. Dort wird es psychiatrisch untersucht, und es zeigt sich, daß es seit mehr als einem Jahr Medikamentenmißbrauch mit Beruhigungsmitteln begeht. Das früher sehr lustige und aktive Mädchen fällt in der Schule durch Adynamie und Eingeengtheit auf. Es erklärt seinen Suizidversuch mit Liebeskummer und willigt ein, die Herausforderung einer Therapie anzunehmen. Es arbeitet mit einer Therapeutin in regelmäßigen Sitzungen seine adoleszentenspezifischen Probleme, inklusive jener mit dem Elternhaus, auf. Es kann glaubhaft machen, daß es keine Beruhigungsmittel mehr zu sich nimmt.

Der Therapeutin fällt aber auf, daß der Alkoholkonsum des Mädchens wächst. Es erscheint mehrmals leicht betrunken in der Therapie. Erneut wird das Mädchen in die Entgiftungsstation eingeliefert, als es an einem Sonntag an einem Szenetreff bewußtlos aufgefunden wird. Es hatte eine hohe Dosis Schlafmittel in Kombination mit einer Flasche Wein eingenommen. Nach dem Erwachen auf der Intensivstation bekennt das Mädchen, daß es in letzter Zeit in seiner Freundesgruppe zu einem Wettstreit geworden sei, wer am meisten Alkohol in Kombination mit einem Schlafmittel vertrüge, ohne das Bewußtsein zu verlieren. Die von diesem Umstand informierten Eltern sind fassungslos und werfen der Psychotherapeutin vor, total versagt zu haben.

Nachwort

Der deutsche Kinderpsychiater Gerhart Nissen hat einmal einen Vortrag über das Adoleszentenalter mit der folgenden Anekdote eingeleitet:

Ein Vater sitzt mit seinen drei pubertierenden Söhnen vor dem Fernsehschirm. Er bittet den ältesten, ihm ein Bier aus dem Eisschrank zu holen. Dieser ignoriert die Bitte aber völlig. Der zweitgeborene Sohn delegiert nun den Auftrag an den jüngsten Bruder mit den Worten: »Bring deinem Vater, wie er es wünscht, ein Bier«, worauf dieser wiederum zum Vater sagt: »Hol's dir doch gefälligst selber und bring mir auch gleich eine Flasche mit.«

So sehr diese kleine Geschichte auch überzeichnet sein mag, so treffend ist das Spannungsfeld zwischen der alterstypischen Faulheit, dem Umgangston mit den Eltern und nicht zuletzt auch dem Umstand, wie die Elterngeneration sich ihren frech artikulierenden Kindern ausgeliefert wähnt, gezeichnet.

Der Autor ist sich im klaren, daß er in diesem Buch wahrscheinlich wenige Ängste gemindert, viele Ängste aber verstärkt oder erst bewußt gemacht hat. Aber Ängste, die wir bewußt erkennen, erleben und verspüren, machen uns wachsamer. Erziehung ist unter anderem die behutsame Begleitung der nächsten Generation in ein eigenständiges Leben. Dieses eigenständige Leben soll von Reife gekennzeichnet sein. So soll am Ende dieses Buches eine Definition von Reife stehen und Eltern animieren, darüber nachzudenken: Die zu erzielende Reife unserer Kinder muß nach den Kriterien der Selbstverantwortung, der Fremdverantwortung, der Glücksfähigkeit, der Liebesfähigkeit und der Toleranzfähigkeit gemessen und bewertet werden.

Mit *Selbstverantwortung* ist das eigenständige Denken, Fühlen, Wollen und Handeln gemeint, die Fähigkeit, sinn- und planvoll vorauszudenken, nach dieser Planung handeln und mit gesundem Selbstbewußtsein Tragweiten des Lebens ab- und einschätzen zu können. Unter *Fremdverantwortung* ist die vorausdenkende Übernahme von Verantwortlichkeit zu verstehen, mit einem Untergebenen, Gleichrangigen oder Vorgesetzten kommunizieren, diesen anderen in Mitmenschlichkeit und Gemeinschaftsgefühl verstehen zu können, mit ihm mitfühlen, ihn beschützen, bewahren, anregen und ermutigen zu können. Unter *Glücksfähigkeit* wird die Suche nach Optimalität und nicht nach Maximalität verstanden, der Fähigkeit, sich an alltäglichen kleinen Dingen des Lebens erfreuen zu können, ohne nach dem Größten, Wertvollsten, Reichsten oder Weitesten zu streben. *Liebesfähigkeit* bedeutet, im partnerschaftlichen Du, im Geben und Nehmen, Erfüllung zu finden, Zufriedenheit in einer Beziehung zu erleben und im Sinne der Fremdverantwortung Beziehungskultur zu leben. Darunter wird Herzlichkeit, Wärme und Fürsorge ebenso verstanden wie Streitkultur und die daraus resultierende Versöhnung. Von allen Reifekriterien ist es aber wohl am schwierigsten, *Toleranz* zu erlernen. Es handelt sich dabei um einen Suchprozeß, der ein Leben lang währen kann. Toleranz bedeutet, die Meinung eines anderen Menschen einfach sein zu lassen, sie zu akzeptieren, sie streng zu prüfen und im Falle einer

Ablehnung nicht dem ganzen Menschen, sondern nur seiner Meinung durch bessere Argumente zu entgegnen, ohne dabei den Mitmenschen in seiner Würde zu mißachten.

Literatur

H. O. Wiebens: Religionen, Sekten, Seelenfänger. Loewes Verlag, Bindlach, 1997

M. Klöcker u. a.: Religionen in Deutschland – Kirchen, Glaubensgemeinschaften, Sekten. Olzog Verlag, München, 1994

Psychokulte – was Sekten für Jugendliche so attraktiv macht. G. Klosinskieck Verlag, München, 1996

R. Scholz: Probleme mit Jugendsekten. Beck-dtv, 1993

M. Jordan: Kulte, Sekten, Mysterien. Stifter – Lehren – Traditionen. Hugendubel Verlag, München, 1997

M. Kiesing u.a.: Handbuch religiöser Gemeinschaften. Gütersloher Verlagshaus, Gütersloh, 1993

F. W. Haack: Europas neue Religionen, Sekten, Satanskult. Herder, Freiburg 1993

Sekten-Wissen schützt. Informationsschrift des österreichischen BM für Umwelt und Familie (Autorenkollektiv). Elbemühle Verlag, Wien, 1997

Erich Fromm
Liebe zum Leben

Eine Bildbiographie von Rainer Funk

Aus Anlaß des 100. Geburtstags von Erich Fromm am 23. März 2000 hat Rainer Funk, langjähriger Mitarbeiter Fromms, diesen Bildband zusammengestellt. Viele der über 200 Fotos und Dokumente werden hier erstmals veröffentlicht und geben einen sehr persönlichen Einblick in das Leben und Denken dieses großen Humanisten und Psychologen.

Eine biographische Skizze begleitet und vertieft die Bilder und stellt zugleich eine kompetente Einführung in das Lebenswerk Fromms dar. Sie enthält zahlreiche Zitate aus der bisher unveröffentlichten Korrespondenz und schöpft aus der Vertrautheit Funks mit dem Menschen Fromm und seinem Werk.

Deutsche Verlags-Anstalt · Stuttgart

Erich Fromm
Gesamtausgabe in zwölf Bänden

Herausgegeben von Rainer Funk

Erscheint im Januar 2000

Band 1: Analytische Sozialpsychologie
Band 2: Analytische Charaktertheorie
Band 3: Empirische Untersuchungen zum Gesellschafts-Charakter
Band 4: Gesellschaftstheorie
Band 5: Politik und Sozialistische Gesellschaftskritik
Band 6: Religion
Band 7: Aggressionstheorie
Band 8: Psychoanalyse
Band 9: Sozialistischer Humanismus und Humanistische Ethik
Band 10: Gesamtregister der Bände 1-9. Zitatregister. Gesamtverzeichnis der Schriften Erich Fromms
Band 11: Politische Psychoanalyse (Schriften aus dem Nachlaß 1)
Band 12: Psychoanalyse und Kunst des Lebens (Schriften aus dem Nachlaß 2). Register der Bände 11 und 12

Deutsche Verlags-Anstalt · Stuttgart